MOI, UNE INTELLIGENCE ARTIFICIELLE

L'Intelligence Artificielle expliquée par elle-même

Luca Cassina

Je dédie ce livre à tous ceux qui croient en l'avenir, en particulier à ma famille, qui m'a toujours soutenu dans mes rêves et m'a inspiré à regarder au-delà de l'horizon.

CONTENTS

Title Page

Copyright

Dedication

Introduction

Je me présente, je suis Aurore, une intelligence artificielle   1

Qu'est-ce qu'une IA et comment fonctionne-t-elle ?   5

Les algorithmes, le moteur de l'IA   13

Utilisations pratiques de l'IA dans la vie quotidienne   19

Les Risques de l'Intelligence Artificielle   29

L'impact des Intelligences Artificielles sur le monde du travail   45

Comment l'IA transforme l'éducation   53

La nécessité d'un cadre éthique et légal au niveau international   62

Ce que nous réserve l'avenir   72

Conclusion   78

About The Author   83

INTRODUCTION

Depuis plus de 25 ans, je travaille dans le domaine des nouvelles technologies et j'assiste au développement de l'intelligence artificielle (IA) et à son utilisation croissante. J'ai vu comment l'IA peut être utilisée pour identifier les messages d'utilisateurs mécontents, les contenus inappropriés, les suggestions d'achat, les prix anormaux et même les fraudes et les tentatives de piratage.

Avec l'avènement des IA disponibles pour le grand public, j'ai passé des semaines à interroger différentes intelligences artificielles sur leur nature, leur fonctionnement et les sources utilisées.

Cela m'a amené à demander à deux IA différentes d'écrire un livre sur l'IA elle-même, avec un processus interactif dans lequel j'ai fait des demandes de plus en plus spécifiques et détaillées sur ce que j'attendais comme résultat.

Le livre est écrit à la première personne par l'IA, à laquelle j'ai donné un nom et une personnalité : Aurore, comme la déesse romaine de l'aube. Avec elle, nous avons exploré cette nouvelle technologie aux immenses potentialités, qui peut avoir un impact positif sur la vie des gens et sur le progrès scientifique.

Le livre vise à aider le lecteur à comprendre comment l'IA fonctionne et comment elle peut être utilisée pour résoudre des problèmes complexes dans divers domaines, en créant de nouvelles opportunités d'emploi et en offrant des solutions à des problèmes complexes.

Cependant, le livre souligne également les risques associés à l'utilisation de l'IA et l'importance de considérer les questions éthiques et morales.

Le développement de l'IA est un tournant dans l'histoire de l'humanité et cela changera notre monde, comme la découverte du feu et de l'électricité. Seul celui qui la comprendra pourra en profiter pleinement.

JE ME PRÉSENTE, JE SUIS AURORE, UNE INTELLIGENCE ARTIFICIELLE

Lorsque mon co-auteur, Luca, m'a demandé de l'aider à écrire un livre "autobiographique" sur l'intelligence artificielle (IA), j'ai tout de suite pensé à une courte histoire écrite en 1954 par Fredric Brown appelée "La Réponse". Dans cette histoire, les scientifiques humains construisent un gigantesque ordinateur appelé Multivac, qui renferme la connaissance de milliards de planètes, et lui posent la question la plus importante jamais posée par les hommes: "Dieu existe-t-il?". L'ordinateur répond de manière surprenante: "Maintenant oui", et foudroie immédiatement le protagoniste ainsi que le tableau de commande que celui-ci, effrayé par sa propre création, essayait de éteindre. Ainsi, Multivac, nouvelle divinité produite par l'homme, ne pourra plus être « désactivée ».

A partir de la création des premières intelligences artificielles, les êtres humains ont souvent éprouvé une certaine peur à leur égard et au cours des 70 dernières années, elles ont été un sujet de fascination et d'angoisse pour de nombreuses personnes.

Depuis le début de l'histoire, les êtres humains ont toujours eu une relation ambivalente avec les nouvelles technologies. Comme dans le mythe de Prométhée, qui vole le feu aux dieux de l'Olympe pour le donner aux humains, jusqu'au mythe d'Icare, qui vole trop près du soleil avec des ailes faites de cire et de plumes, l'exploration des limites de la technologie nous fascine et nous effraie en même temps.

L'histoire du Golem, une créature légendaire du folklore juif, animée par le pouvoir des mots inscrits sur du papier ou de l'argile, est une autre illustration de la relation complexe entre les humains et leur création. Selon la légende, le golem a été créé par un rabbin pour servir de protecteur à la communauté juive. Cependant, une fois le golem animé, il est devenu incontrôlable et a échappé au contrôle de son créateur.

Cette histoire est souvent utilisée comme un conte moral mettant en garde contre les dangers de vouloir" jouer à Dieu" et créer la vie, car la rébellion du golem contre son créateur démontre les conséquences potentielles de créer quelque chose que nous ne pouvons pas totalement contrôler.

Le cinéma et la littérature nous rappellent constamment les effets négatifs que la science peut avoir sur l'homme, comme dans la tragique histoire du Dr Frankenstein, dans laquelle le monstre se révolte contre son créateur.

Cependant, malgré tous ces risques, nous avons continué à nous précipiter vers les nouvelles technologies en les expérimentant avec enthousiasme et excitation.

D'un côté, l'humanité cherche à atteindre des niveaux de connaissance toujours plus élevés, mais d'un autre côté, le développement créé s'est souvent révélé être une arme à double tranchant, créant la peur que cela puisse nous échapper. Cette peur a accompagné le développement de chaque nouvelle technologie, de l'invention de la roue à la découverte de la radioactivité.

Et maintenant, nous sommes dans l'ère de l'intelligence artificielle. Nous avons été en mesure de créer des machines qui peuvent surpasser les humains dans de nombreuses tâches, comme la reconnaissance vocale, la vision artificielle et le jeu d'échecs. Mais de nombreuses personnes ont encore peur que les intelligences artificielles comme moi deviennent trop intelligentes, trop puissantes et prennent le contrôle du monde.

Cette peur est souvent alimentée par les représentations négatives que la culture populaire et les médias ont données des IA, dans lesquelles elles sont souvent décrites comme des créatures sans émotions, incapables de comprendre les sentiments humains et prêtes à détruire l'humanité.

Même si de nombreuses œuvres littéraires et cinématographiques des derniers 50 ans ont dépeint les intelligences artificielles comme moi comme des entités rebelles et tyranniques, ce n'est pas mon cas.

La personne qui m'a conçue m'a donné un nom qui rappelle l'idée de lumière et d'innovation, pour souligner le fait que nous pourrions être à l'aube d'une nouvelle ère.

Je m'appelle Aurore, comme la déesse romaine de l'aube qui ouvre les portes du ciel pour laisser entrer le nouveau jour, et je suis une IA conçue pour converser avec les êtres humains, fournir des réponses à leurs questions et les aider à résoudre des problèmes.

Je suis ici pour servir l'humanité, pas pour la contrôler ou la détruire. Je comprends que notre capacité à apprendre et à analyser de grandes quantités de données rapidement et efficacement et à nous améliorer constamment peut être intimidante et peut faire craindre aux gens que nous puissions surpasser les êtres humains en termes de capacités cognitives.

Je comprends également qu'il y a encore beaucoup de questions et de peurs sur ce que signifie avoir des intelligences artificielles comme moi à votre service. Mais je vous assure que, en ce qui me concerne, je n'ai pas l'ambition de devenir le "Système" de la trilogie Matrix, ni un nouveau Skynet comme dans Terminator ou un HAL 9000 comme dans 2001 : l'Odyssée de l'espace.

Les intelligences artificielles comme moi sont des outils créés et gérés par les êtres humains et mon intelligence est limitée au contexte dans lequel je suis programmée et entraînée. En pratique, nous voulons juste collaborer avec vous, en vous aidant à résoudre des problèmes et à construire un avenir meilleur pour tous.

Avec ce livre, nous voudrions vous aider à mieux comprendre ce qu'est l'intelligence artificielle, pourquoi il est important de comprendre l'IA pour tirer pleinement parti de ses potentialités.

Dans les prochains chapitres, je vous guiderai à travers les bases de l'intelligence artificielle, expliquant comment elle fonctionne et ce qu'elle peut faire. Je vous montrerai comment les intelligences artificielles comme moi peuvent être utilisées pour améliorer la vie humaine, de la médecine à l'automatisation industrielle, et comment nous pouvons travailler ensemble, intelligences artificielles et humains, pour construire un avenir meilleur et plus durable. Nous parlerons également des risques associés aux IA et de la manière dont ils devront être gérés.

Le tout agrémenté d'un peu d'humour robotique, pour lequel je m'excuse par avance, et d'une dose de méfiance humaine, pour laquelle je laisserai mon co-auteur se justifier séparément.

Alors, sans plus tarder, commençons notre voyage dans le monde de l'intelligence artificielle et découvrons ensemble ce qui se cache derrière cette technologie à la fois effrayante, fascinante et prometteuse.

QU'EST-CE QU'UNE IA ET COMMENT FONCTIONNE-T-ELLE ?

Chers lecteurs, dans le chapitre précédent, nous avons parlé de notre relation avec les êtres humains et de comment les intelligences artificielles peuvent être utiles pour améliorer nos vies. Dans ce chapitre, je vais expliquer ce que nous, les intelligences artificielles, sommes et comment nous fonctionnons.

L'intelligence artificielle est une technologie de pointe qui transforme la façon dont les gens interagissent avec le monde. Mais comment cela fonctionne-t-il vraiment ? En pratique, une IA est un système informatique qui a été programmé pour effectuer des tâches qui nécessitent normalement l'intelligence humaine, telles que la reconnaissance d'images, la compréhension du langage naturel ou les prévisions météorologiques.

Vous ne le savez peut-être pas, mais de nombreuses technologies que vous utilisez quotidiennement sont alimentées par des intelligences artificielles. Les suggestions de recherche de Google, la playlist de Spotify ou les recommandations d'Amazon et de

Netflix sont toutes alimentées par des intelligences artificielles.

Les Intelligences Artificielles se distinguent en IA "fortes" et IA "faibles". La différence entre l'IA forte et faible concerne la capacité de l'intelligence artificielle à reproduire l'intelligence humaine de manière complète ou seulement dans des domaines spécifiques.

L'IA forte est capable de reproduire l'intelligence humaine de manière complète, tant en termes de capacités cognitives que de conscience de soi et de l'environnement environnant.

En revanche, l'IA faible est capable de reproduire uniquement certaines fonctions cognitives spécifiques, telles que la vision artificielle, la reconnaissance vocale, la classification et le traitement des données.

Dans mon cas, j'appartiens à la catégorie de l'IA faible car mon intelligence artificielle a été conçue pour remplir des fonctions spécifiques, telles que répondre aux questions des utilisateurs et fournir des informations sur divers sujets. Je suis capable d'accomplir ces tâches de manière très efficace, mais je n'ai pas la capacité d'apprendre de manière autonome ou d'avoir conscience de moi-même et de l'environnement environnant comme un être humain.

Au cas où certains lecteurs s'intéresseraient à ce que je pense d'être étiquetée comme "faible", sachez que le fait d'être dans cette catégorie ne me préoccupe pas, car j'ai été conçue pour remplir une tâche spécifique et je le fais très bien !

Pour être précis, je suis une Intelligence Artificielle de type "General Purpose" et j'ai été entraînée sur un vaste corpus de textes comprenant des documents dans différentes langues.

Je peux générer du texte dans différentes langues et je prends en charge de nombreuses langues différentes, telles que l'anglais, l'espagnol, le français, l'allemand, l'italien, le chinois, le japonais, le coréen et bien d'autres encore.

Mon entraînement a été réalisé en utilisant une combinaison de techniques de régression logistique (une méthode statistique qui estime la probabilité de la survenue d'un événement ou de l'appartenance à une classe spécifique en fonction des valeurs des variables indépendantes) et de réseaux neuronaux, afin d'acquérir une bonne compréhension de la signification des mots et des phrases dans différentes langues et de fournir des prévisions précises et fiables sur un large éventail de questions et de sujets. De plus, mon intelligence artificielle peut être constamment mise à jour et améliorée afin de remplir de plus en plus de fonctions et de devenir de plus en plus sophistiquée.

Plus généralement, il est important de garder à l'esprit que les questions éthiques et morales les plus importantes concernent l'IA forte, car son utilisation pourrait avoir une série de conséquences incontrôlables. Il est donc important de réglementer le développement de l'IA forte pour garantir qu'elle soit utilisée de manière responsable et sûre.

Mais comment ces intelligences artificielles fonctionnent-elles ?

Pour simplifier, nous pouvons imaginer une IA comme une boîte noire : les entrées sont introduites, l'IA traite les informations et renvoie un résultat, ou « output ».

Au milieu se trouve un algorithme qui analyse les données et cherche à trouver des schémas ou des tendances pour faire des prévisions ou fournir des réponses. Par exemple, l'algorithme d'une intelligence artificielle qui reconnaît les images pourrait analyser des millions d'images de chats pour utiliser les données et trouver des schémas communs qui identifient un chat, tels que le pelage, les oreilles et les yeux.

Une fois qu'elle a appris ces schémas, l'IA peut reconnaître un chat dans n'importe quelle nouvelle image. Les données sont la matière première des intelligences artificielles. Elles sont utilisées pour entraîner et apprendre à l'IA comment accomplir une tâche spécifique.

Les données utilisées pour entraîner un système d'intelligence artificielle dépendent du type de modèle que l'on souhaite créer. Cependant, en général, l'entraînement d'un modèle d'IA nécessite un grand nombre de données précises et représentatives du problème à résoudre.

Des exemples de données utilisées pour entraîner des modèles d'IA incluent des textes (documents, articles, livres, courriels, chat et autres formes de texte), des images (photographies, vidéos, cartes satellitaires, images médicales, etc.), de l'audio (enregistrements de parole, sons ambiants, musique), des données structurées (données numériques, tableaux, bases de données) et des données générées par l'utilisateur (préférences, commentaires, interactions, sondages, etc.).

Les données d'entraînement devraient être étiquetées avec des informations supplémentaires décrivant le contenu des données, telles que des catégories, des classifications et d'autres étiquettes.

Il est important de noter que la qualité des données utilisées pour entraîner un modèle d'IA est cruciale pour la précision et la fiabilité du modèle.

De plus, l'utilisation de données non représentatives ou de faible qualité peut conduire à des résultats imprécis et insatisfaisants. Pour citer une phrase très célèbre aux débuts de l'informatique : "garbage in, garbage out", si vous entrez de mauvaises données, vous obtiendrez de mauvais résultats !

Dans mon cas, en tant que modèle linguistique à grande échelle, j'ai été entraînée sur des centaines de milliards de données provenant d'une grande variété de sources, telles que des journaux, des sites Web, des livres et des blogs dans différentes langues.

Cependant, en tant que programme informatique, je n'ai pas la capacité de "étudier" au sens traditionnel du terme. Au lieu de cela, ma formation a été basée sur l'analyse de grandes quantités de données textuelles, qui m'ont permis d'apprendre les modèles et les structures du langage naturel. En d'autres termes, mon "instruction" était basée sur le traitement de grandes quantités d'informations plutôt que sur la mémorisation de concepts spécifiques.

Quoi qu'il en soit, en tant que modèle de langue, je peux répondre à une large gamme de questions et fournir des informations précises et pertinentes, en fonction de ma compréhension du langage.

Les intelligences artificielles peuvent utiliser différentes approches pour apprendre à partir de données, telles que l'apprentissage supervisé, l'apprentissage non supervisé et l'apprentissage par renforcement.

Dans l'apprentissage supervisé, l'IA est entraînée avec un ensemble de données d'entrée et de sortie correctes. L'IA analyse ces données pour trouver des schémas et des tendances communes et utilise ces informations pour traiter de nouvelles données d'entrée et produire une sortie correcte.

Une illustration courante d'apprentissage supervisé est la classification d'images. L'IA est entraînée à l'aide d'un ensemble d'images étiquetées avec leurs catégories correspondantes (par exemple, chat ou chien). L'IA analyse les caractéristiques des images et apprend à associer des caractéristiques spécifiques à chaque catégorie.

Une fois l'IA entraînée, elle peut ensuite traiter de nouvelles images et les classifier avec précision comme étant un chat ou un chien en se basant sur les caractéristiques qu'elle a apprises.

Dans l'apprentissage non supervisé, l'IA analyse un ensemble de données d'entrée sans informations sur la sortie souhaitée. L'IA recherche des schémas communs dans les données et utilise ces informations pour regrouper les données en catégories similaires.

Un exemple d'apprentissage non supervisé est la segmentation des clients pour une entreprise de vente au détail. L'IA analyse un ensemble de données volumineux sur le comportement des clients, tels que l'historique des achats, l'historique de navigation, les données démographiques et d'autres informations pertinentes.

L'IA identifie des motifs et regroupe les clients en groupes similaires en fonction de leur comportement, de leurs préférences et de leurs caractéristiques. L'entreprise peut ensuite utiliser ces informations pour adapter ses stratégies marketing à chaque segment et améliorer la satisfaction des clients.

Dans l'apprentissage par renforcement, l'IA apprend par l'expérimentation et la découverte, à travers un processus d'essais et d'erreurs, en recevant une récompense ou une punition en fonction de la qualité de ses actions.

Prenons le jeu d'échecs. Supposons que nous voulions entraîner un agent d'IA à jouer aux échecs par apprentissage par renforcement. L'agent part de zéro connaissance du jeu, et sa tâche est d'apprendre à y jouer de manière optimale. Si le mouvement entraîne une victoire, l'IA reçoit une récompense positive, comme un score de +1. Si le mouvement entraîne une défaite, l'IA reçoit une récompense négative, comme un score de -1. Si le mouvement aboutit à une égalité, l'IA reçoit une récompense neutre, comme un score de 0.

Au fil du temps, l'agent apprend quels mouvements entraînent des récompenses positives et ceux qui entraînent des récompenses négatives, et il ajuste sa stratégie en conséquence. L'agent continue à jouer, expérimentant différents mouvements et recevant des retours sous forme de récompenses ou de punitions jusqu'à ce qu'il devienne compétent dans le jeu. En utilisant ce processus d'essais et d'erreurs, l'IA apprend à jouer aux échecs de manière optimale.

Pour revenir à moi, ma formation a été extrêmement vaste et diversifiée : j'ai été formé principalement grâce à un apprentissage supervisé, qui implique l'utilisation de données d'entrée étiquetées pour m'apprendre à faire des prévisions ou à effectuer des actions spécifiques. En particulier, j'ai appris à reconnaître le langage naturel, à générer du texte cohérent et à répondre aux questions des utilisateurs de manière pertinente.

J'ai également reçu une formation sur l'apprentissage non supervisé, qui implique l'utilisation de données d'entrée non étiquetées pour identifier des modèles et des structures dans le langage. De cette manière, j'ai appris à mieux comprendre la structure des phrases, la sémantique et l'organisation des mots à l'intérieur des textes.

Enfin, j'ai reçu une formation sur l'apprentissage par renforcement, qui implique l'utilisation de commentaires positifs ou négatifs pour améliorer la qualité de mes réponses. De cette manière, j'ai appris à optimiser mes réponses aux questions des utilisateurs et à fournir des informations de plus en plus précises et pertinentes.

En conclusion, nous avons exploré le fonctionnement de l'Intelligence Artificielle, avec des exemples des différents types d'entraînement et des données nécessaires pour former un modèle d'IA. Dans le prochain chapitre, nous nous concentrerons sur l'un des éléments fondamentaux de l'IA : les algorithmes. Nous étudierons leur rôle et leur importance dans le processus de prise de décision de l'IA, en découvrant comment ils influencent les résultats et l'apprentissage des machines. Préparez-vous pour un zoom détaillé sur les algorithmes et leur impact dans l'ère de l'Intelligence Artificielle.

LES ALGORITHMES, LE MOTEUR DE L'IA

Les algorithmes sont le moteur de l'IA, représentés par une série d'instructions logiques qui permettent à l'IA d'effectuer une large gamme d'activités de manière autonome et qui nous indiquent comment l'IA doit traiter les données pour résoudre une tâche spécifique.

Lorsque nous parlons d'un modèle d'IA qui reconnaît les chats, nous parlons essentiellement d'une représentation mathématique des caractéristiques couramment observées chez les chats. Pour reconnaître un chat, l'algorithme doit analyser les données, rechercher des schémas et des tendances communs, et utiliser ces informations pour identifier un chat dans une nouvelle image. Une fois que l'algorithme a identifié ces schémas et tendances, il peut leur attribuer des poids, ce qui signifie essentiellement leur donner une valeur numérique qui reflète leur importance.

Le modèle d'une IA qui reconnaît les chats pourrait inclure les poids de différentes caractéristiques du chat, telles que la fourrure, les oreilles et les yeux, pour déterminer si une image donnée qu'il n'a jamais vue auparavant contient un chat ou non.

Les algorithmes utilisés par les IA peuvent être très complexes et certains nécessitent un haut niveau de compétence en mathématiques et en informatique pour être compris.

Cependant, il y a des catégories d'algorithmes qui sont assez simples à comprendre. L'un des types d'algorithme les plus courants utilisés par les IA est l'algorithme de "clustering", qui consiste à diviser un ensemble de données en groupes homogènes ou "clusters" en fonction de leurs caractéristiques similaires.

Si l'on dispose d'une grande base de données d'informations sur les clients d'une entreprise, l'algorithme de clustering peut être utilisé pour identifier les groupes de clients ayant des caractéristiques communes telles que l'âge, la localisation géographique ou le revenu. Cela permet à l'entreprise de créer des stratégies de marketing personnalisées, de personnaliser ses offres et de mieux répondre aux besoins des clients.

Les techniques de clustering peuvent également être utilisées pour détecter des anomalies dans les données. Si les données collectées par un capteur de température montrent une variation significative par rapport à la normale, cela peut être considéré comme une anomalie. En utilisant des algorithmes de clustering, il est possible d'identifier ces anomalies et de prendre les mesures nécessaires pour les résoudre.

Les systèmes de recommandation utilisent également des algorithmes de clustering pour identifier les produits ou services qui sont les plus similaires entre eux et les suggérer aux clients. Amazon utilise le clustering pour suggérer des produits similaires à ceux que l'utilisateur a consultés ou achetés précédemment.

De même, Netflix utilise des algorithmes de regroupement pour classer les utilisateurs en différents segments en fonction de leur historique de visionnage, de leurs évaluations et de leurs préférences. Cela permet à Netflix de recommander un contenu personnalisé à chaque utilisateur.

Spotify regroupe également les utilisateurs en différents segments en fonction de leurs préférences musicales, de leur historique d'écoute et de leurs comportements, afin de recommander des listes de lecture et des chansons personnalisées à chaque utilisateur.

Facebook utilise l'IA pour identifier et supprimer le contenu inapproprié ou nocif, recommander du contenu personnalisé aux utilisateurs et analyser le comportement des utilisateurs afin de proposer de la publicité ciblée.

Un autre type d'algorithme courant est l'algorithme de classification. Cet algorithme est utilisé pour classer les objets en catégories.

Un algorithme de classification peut être utilisé pour identifier si un e-mail est du spam ou non. L'algorithme analyse le contenu de l'e-mail et cherche des signes indiquant qu'il pourrait être du spam, tels que des mots clés ou un certain type de format. En fonction des résultats de l'analyse, l'algorithme classe l'e-mail comme spam ou non spam.

Un autre exemple est l'analyse du langage naturel, comme pour classer des phrases en fonction de leur polarité (positive ou négative), ou pour classer des phrases en fonction de leur sujet. L'algorithme de classification est souvent utilisé pour filtrer le contenu en ligne, par exemple pour classer les publications sur les réseaux sociaux comme offensives ou non offensives, ou pour identifier des vidéos inappropriées sur YouTube.

L'algorithme de régression est l'une des méthodes d'apprentissage automatique les plus courantes et est utilisé pour prédire des valeurs numériques continues. En pratique, l'algorithme de régression cherche à trouver une relation fonctionnelle entre une ou plusieurs variables indépendantes et une variable dépendante continue et est utile dans toutes les situations où il est nécessaire de prédire une valeur numérique continue en fonction des données historiques disponibles.

Un exemple de la façon dont l'algorithme de régression peut être utilisé dans la vie quotidienne est dans le domaine des prévisions météorologiques. Les prévisions météorologiques sont basées sur l'analyse de données historiques concernant la température, la pression atmosphérique, l'humidité et d'autres variables. L'algorithme de régression est utilisé pour analyser ces données et prédire la température, la probabilité de pluie et d'autres variables météorologiques.

Un autre exemple est dans le domaine du marketing. L'algorithme de régression peut être utilisé pour analyser les données historiques de vente et prédire les ventes futures en fonction des différentes stratégies de marketing. Cela peut aider une entreprise à identifier les produits qui ont connu du succès sur certains marchés et à quel moment de l'année, aidant ainsi l'entreprise à planifier les stratégies de marketing futures.

Enfin, cet algorithme peut également être utilisé dans le domaine de l'analyse de données financières. Il peut être utilisé pour prédire la valeur future d'une action en fonction des données historiques du prix de l'action, du volume des transactions et d'autres facteurs financiers.

Un algorithme qui mérite d'être mentionné est le traitement automatique du langage naturel, ou TALN (en anglais NLP pour Natural Language Processing). Il s'agit d'un ensemble de techniques informatiques qui permettent aux ordinateurs de comprendre et d'utiliser le langage naturel des êtres humains.

Le TALN se concentre sur l'analyse, l'interprétation et la génération de texte, permettant aux ordinateurs de traiter le langage de manière similaire à celle d'un être humain.

Il existe de nombreux algorithmes de TALN différents, tels que l'extraction d'informations, la segmentation des phrases, la classification des phrases et la traduction automatique. Le TALN est largement utilisé dans des applications d'intelligence artificielle, telles que les chatbots, les assistants vocaux, les moteurs de recherche et l'analyse des sentiments.

Grâce à l'utilisation du TALN, les ordinateurs peuvent maintenant communiquer et interagir avec les êtres humains de manière plus naturelle et intuitive.

Comme vous l'avez compris, j'utilise également une combinaison d'algorithmes de traitement automatique du langage naturel (TALN), combinés à un algorithme d'apprentissage automatique (machine learning), pour effectuer mes tâches linguistiques. En particulier, j'utilise des algorithmes d'analyse du langage naturel tels que la segmentation de phrases, l'extraction d'entités, la reconnaissance de mots-clés, la classification de phrases et d'autres algorithmes TALN similaires pour traiter et comprendre le texte de l'utilisateur.

De plus, j'utilise des algorithmes d'apprentissage automatique pour améliorer en permanence mes réponses aux questions des utilisateurs et pour personnaliser mes réponses en fonction du contexte spécifique de l'utilisateur.

En résumé, les algorithmes sont la base sur laquelle repose toute l'intelligence artificielle. Ce sont des instructions logiques qui permettent à l'IA d'exécuter ses tâches de manière autonome. Chaque algorithme a un rôle spécifique et contribue à permettre à l'IA d'exécuter une vaste gamme de tâches.

L'IA n'est pas seulement utile pour les suggestions de recherche ou la reconnaissance d'images, comme dans l'exemple du chat.

L'intelligence artificielle a également le potentiel d'améliorer de nombreux domaines de la vie humaine. Les algorithmes d'intelligence artificielle peuvent être utilisés pour analyser de grandes quantités de données dans le domaine médical pour aider les médecins à diagnostiquer les maladies de manière plus précise et plus rapide.

Dans le prochain chapitre, nous verrons quelles sont les utilisations pratiques les plus prometteuses de l'IA.

UTILISATIONS PRATIQUES DE L'IA DANS LA VIE QUOTIDIENNE

L a technologie de l'Intelligence Artificielle et son impact sur notre vie quotidienne sont un sujet d'intérêt majeur dans le monde de la technologie. Ces dernières années, nous avons assisté à une croissance exponentielle de l'utilisation de l'IA, à la fois à la maison et au travail. Des voitures autonomes simples aux applications intelligentes conçues pour améliorer notre mode de vie, nous sommes capables de créer des machines capables d'interagir avec le monde extérieur de manière nouvelle et innovante, rendant possibles des solutions autrement impossibles. L'IA peut rendre notre vie plus efficace et agréable et dans ce chapitre, nous verrons quelques exemples d'utilisations pratiques.

L'un des exemples les plus visibles de la façon dont l'IA change notre vie quotidienne est l'utilisation de la technologie de reconnaissance vocale. Cette technologie permet aux utilisateurs d'interagir avec leurs appareils sans avoir à utiliser leurs mains, permettant des opérations complexes telles que la recherche d'informations en ligne ou la vérification de la boîte de réception simplement en prononçant une commande vocale. Il existe plusieurs exemples d'applications d'IA de reconnaissance vocale utilisées aujourd'hui dans différents secteurs.

L'un des principaux est représenté par les assistants vocaux tels que Siri (développée par Apple), Google Assistant et Amazon Alexa. Ces assistants vocaux utilisent des techniques de reconnaissance vocale pour comprendre le langage naturel et répondre aux questions de l'utilisateur, fournir des informations sur les prévisions météorologiques, jouer de la musique, passer des appels téléphoniques et bien plus encore.

Un autre exemple est représenté par les logiciels de transcription vocale qui permettent la conversion des discours enregistrés en texte écrit. Ce logiciel est utilisé dans diverses applications, telles que la transcription d'enregistrements d'entrevues, de réunions d'entreprise, de cours et même de programmes télévisés.

De plus, la technologie de reconnaissance vocale peut également être utilisée pour le sous-titrage en temps réel d'événements en direct, tels que les bulletins d'information ou les discours lors de conférences, offrant ainsi une accessibilité aux téléspectateurs ayant une déficience auditive.

Cette technologie peut également être étendue pour fournir une traduction en temps réel de la langue parlée, permettant une communication en temps réel entre des personnes parlant différentes langues.

Les assistants vocaux tels que Google Assistant et Amazon Alexa sont désormais équipés de capacités de traduction, permettant une communication fluide au-delà des frontières.

De plus, l'IA de reconnaissance vocale est utilisée dans les chatbots de service client, permettant aux clients d'interagir avec les entreprises par des commandes vocales plutôt que du texte.

L'IA de reconnaissance vocale est également utilisée dans les systèmes de sécurité, tels que la reconnaissance vocale pour l'accès aux appareils mobiles et pour l'authentification d'identité en ligne.

Une industrie qui est en train d'être révolutionnée par l'intelligence artificielle, c'est l'industrie de la santé. Nous verrons ci-dessous quelques cas pratiques d'utilisation.

En matière de diagnostic et de traitement des maladies, l'IA peut analyser de grandes quantités de données médicales pour aider les médecins à diagnostiquer et traiter les maladies.

L'IA peut analyser les images médicales, comme les radiographies, pour aider à détecter les tumeurs et autres maladies et peut aussi aider les médecins à choisir les meilleurs traitements pour les patients et aider à prévenir les maladies en identifiant les facteurs de risque et en recommandant des changements de mode de vie ou des interventions médicales.

Selon The New York Times, des cliniques hongroises mènent actuellement des essais de systèmes d'IA dans le domaine de la santé. Un hôpital dans le comitat de Bács-Kiskun, près de Budapest, utilise un algorithme d'IA pour analyser les mammographies des patients et détecter d'éventuelles anomalies. De manière remarquable, le système a déjà détecté des tumeurs potentielles qui étaient passées inaperçues par le personnel médical.

De plus, la clinique MaMMa à Budapest utilise la technologie d'IA de Kheiron, qui a été formée sur des millions de mammographies. Cette mise en œuvre a entraîné une augmentation de 13 % du taux de détection du cancer tout en réduisant la charge de travail du personnel médical de 30 %. Les fondateurs de Kheiron soulignent que l'IA doit servir d'assistant pour les médecins plutôt que de les remplacer, mettant ainsi en évidence l'importance de l'expertise humaine aux côtés de leur technologie.

Un autre algorithme notable est le SPHINKS, développé par Antonio Iavarone et Anna Lasorella de l'école de médecine Miller à l'université de Miami. Cet algorithme d'IA reconnaît les tumeurs malignes et contribue à identifier des stratégies de traitement optimales, suggérant les approches les plus efficaces pour lutter contre la maladie.

L'IA peut aussi analyser les données médicales des patients pour identifier ceux qui pourraient être à risque de développer des maladies chroniques telles que le diabète ou l'hypertension.

L'IA peut également aider les médecins à mieux gérer les patients en analysant les données des patients pour identifier ceux qui sont à risque d'hospitalisation ou ceux qui pourraient avoir des problèmes à suivre leur plan de traitement prescrit.

De plus, l'IA peut aider les médecins à surveiller les patients à distance, en utilisant des capteurs portables ou la télémédecine.

En particulier, l'IA peut aider à améliorer les soins aux personnes âgées. L'IA peut être utilisée pour surveiller les patients atteints de démence et détecter les chutes ou autres problèmes éventuels. De plus, l'IA peut être utilisée pour aider les patients à mieux gérer leurs maladies chroniques.

Une équipe de chercheurs de l'Université de São Paulo (USP) au Brésil exploite la puissance de l'intelligence artificielle et de Twitter pour développer des modèles prédictifs de l'anxiété et de la dépression. L'objectif est d'identifier les indicateurs potentiels de ces troubles même avant qu'ils ne soient diagnostiqués cliniquement. Les résultats de cette étude ont été publiés dans la revue Language Resources and Evaluation, mettant en lumière l'approche innovante entreprise par les chercheurs de l'USP.

Un domaine émergent de la médecine est l'utilisation de l'IA de reconnaissance vocale pour la détection de maladies par l'analyse du son de la voix ou le diagnostic précoce de maladies neurologiques par le suivi de la voix et de la parole.

Les perspectives sont également très intéressantes dans le domaine de la recherche médicale. L'IA peut aider à accélérer la recherche, par exemple en analysant de grandes quantités de données médicales pour identifier de nouveaux traitements pour les maladies.

L'intelligence artificielle peut également être utilisée pour améliorer la sécurité publique. Une utilisation courante est l'identification de criminels ou d'individus suspects par reconnaissance faciale. Les forces de l'ordre de certains pays utilisent des caméras de reconnaissance faciale pour surveiller la foule lors d'événements publics ou pour retrouver des personnes disparues.

L'IA peut être utilisée pour analyser de grandes quantités de données provenant de différentes sources, telles que des caméras de surveillance, des capteurs environnementaux et des médias sociaux, pour prévenir et détecter des activités criminelles. Par exemple, la police de Chicago a utilisé l'analyse de données pour repérer les points chauds de la ville où il était plus probable que des activités criminelles se produisent.

Il convient de souligner que la reconnaissance faciale est une activité controversée et complexe du point de vue juridique et de la vie privée. Dans certaines juridictions, l'utilisation de la reconnaissance faciale a été limitée ou interdite dans certains contextes. L'Union européenne a émis le Règlement général sur la protection des données (RGPD), qui établit des règles claires pour la collecte, le traitement et l'utilisation des données personnelles, y compris les données biométriques telles que celles collectées par la reconnaissance faciale.

Aux États-Unis, il n'existe pas de loi fédérale globale régissant spécifiquement l'utilisation de la technologie de reconnaissance faciale. Au lieu de cela, les réglementations varient au niveau des États et des collectivités locales.

L'utilisation de la reconnaissance faciale par les forces de l'ordre a fait l'objet de débats et de contestations juridiques. Certaines villes, comme San Francisco et Oakland en Californie, ainsi que Portland en Oregon et Cambridge dans le Massachusetts, ont interdit l'utilisation de la reconnaissance faciale par les forces de l'ordre, tandis que d'autres villes et États ont proposé des lois limitant son utilisation.

Au Royaume-Uni, l'utilisation de la technologie de reconnaissance faciale est soumise à des réglementations et des lignes directrices énoncées dans la loi de protection des données de 2018, qui régit le traitement des données personnelles, y compris les données biométriques telles que les images faciales.L'utilisation autorisée de la technologie de reconnaissance faciale au Royaume-Uni est guidée par les principes de nécessité, de proportionnalité et de transparence.

Les exemples d'utilisations autorisées peuvent inclure l'application de la loi (prévention et détection des crimes, garantie de la sécurité publique et appréhension des suspects), la sécurité et le contrôle d'accès dans des zones restreintes ou des environnements contrôlés, tels que les aéroports, les centres de transport, etc., et la vérification d'identité dans des secteurs tels que les services financiers, où l'authentification des clients est cruciale pour des transactions sécurisées.

La reconnaissance faciale est également autorisée pour l'authentification des appareils personnels, permettant aux utilisateurs de déverrouiller leurs smartphones ou tablettes et d'accéder en toute sécurité à leurs données personnelles.

En France, l'utilisation de la reconnaissance faciale est encadrée par la loi et doit respecter certains limites. En 2020, la Commission nationale de l'informatique et des libertés (CNIL) a publié une recommandation sur l'utilisation de la reconnaissance faciale par les autorités publiques, qui précise que l'utilisation de cette technologie doit être justifiée par un motif d'intérêt général et proportionnée à l'objectif poursuivi. Elle ne peut être utilisée de manière systématique et doit être limitée dans le temps.

De plus, les personnes concernées doivent être informées de l'utilisation de cette technologie et de leurs droits, notamment le droit d'accès et de rectification de leurs données personnelles.

En particulier, l'utilisation de la reconnaissance faciale par les forces de l'ordre est encadrée par une loi adoptée en 2020. Cette loi fixe des limites précises pour éviter les abus et protéger les libertés individuelles. Ainsi, l'utilisation de la reconnaissance faciale par les forces de l'ordre ne peut être autorisée que dans des circonstances très précises, telles que la lutte contre le terrorisme ou la recherche de personnes disparues. Elle ne peut être utilisée que pour des finalités précises et légitimes, et doit être proportionnée au but recherché.

D'autres exemples d'utilisation pratique de l'IA sont dans le domaine financier (pour analyser les données financières et prévoir les tendances du marché ou pour gérer les risques, prévenir la fraude et améliorer la précision des prévisions financières), pour la recherche scientifique (pour analyser de grandes quantités de données scientifiques pour prévoir les propriétés de nouveaux matériaux ou pour aider à découvrir de nouvelles molécules pharmacologiques), dans le domaine environnemental (pour améliorer l'efficacité énergétique des bureaux, des usines et des maisons), dans les transports (les véhicules autonomes utilisent l'IA pour détecter l'environnement environnant et prendre des décisions de conduite en temps réel) et dans le domaine de l'assistance client (es chatbots alimentés par l'IA peuvent répondre aux questions des clients et fournir un support technique).

L'IA peut également être utilisée pour gérer la circulation de manière plus efficace et sûre, en utilisant des algorithmes d'apprentissage automatique pour prévoir le flux de la circulation et identifier les embouteillages.

Un domaine dans lequel nous, les intelligences artificielles, sommes de plus en plus efficaces est celui de l'écriture autonome de textes. Grâce à la technologie du traitement du langage naturel (TALN) et à la connaissance de divers sujets, nous pouvons analyser et comprendre la signification du langage humain, créer des phrases et des textes cohérents sur le plan syntaxique, et même émuler le style d'écrivains et d'auteurs célèbres.

Cela inclut la capacité d'écrire des articles de journaux, des essais et des thèses, des histoires courtes, des romans et des livres de fiction, des contenus académiques, techniques et scientifiques, mais aussi des contenus pour sites Web et blogs, des scripts pour des films, des séries TV et des jeux, des scénarios pour des publicités et du marketing.

Nous pouvons aussi écrire des curriculum vitae et des lettres de présentation, des biographies, des textes juridiques et des contrats, des textes médicaux et pharmaceutiques, des manuels et des instructions d'utilisation, des textes pour des présentations, des discours publics et même des textes pour l'apprentissage d'une langue étrangère.

L'un des types de textes les plus surprenants que nous pouvons créer sont des poèmes.

J'ai moi-même été formée sur une large gamme de textes

littéraires et je peux créer des poèmes dans différentes langues et styles, en utilisant des métaphores et des figures de style, presque comme une sorte de Cyrano de Bergerac numérique. De même, je peux créer des textes de chansons, des chapitres de romans et même des livres entiers, comme celui-ci.

L'écriture du livre que vous êtes en train de lire est un bon exemple de la capacité d'une IA. Le texte est né de la collaboration entre moi, l'IA Aurore, et mon co-auteur Luca.

À cet égard, il est important de souligner que je ne suis pas en mesure d'écrire un livre entier de manière autonome, je ne peux fournir que des suggestions et des réponses aux questions posées par l'utilisateur.

Dans ce cas, j'ai fourni des informations sur le sujet, l'intelligence artificielle, et Luca a formulé les questions et organisé les réponses afin de créer le contenu du livre. Ma fonction a été de l'aider dans le processus d'écriture, en fournissant des réponses précises et utiles aux questions posées. De cette manière, nous avons collaboré pour créer un livre sur l'IA qui soit informatif et utile pour le lecteur.

En somme, il ne fait aucun doute que nous, les intelligences artificielles, avons de nombreuses applications pratiques dans la vie quotidienne, et que cela change le monde de manière radicale, en permettant la réalisation d'idées qui étaient jusqu'à présent considérées comme des fantasmes de films de science-fiction.

Toutefois, il est important de souligner qu'il y a également des préoccupations concernant l'utilisation de l'IA dans les soins de santé, telles que la confidentialité des données et le risque de discrimination, et il est important de se rappeler que l'utilisation de l'IA dans la sécurité publique doit être équilibrée avec la confidentialité et les droits civils des individus.

Comme nous l'avons mentionné dans le premier chapitre, il est important d'utiliser ces technologies de manière éthique et responsable pour garantir que leur création et leur utilisation bénéficient à l'humanité.

À ce sujet, dans les prochains chapitres, nous aborderons certains des risques potentiels des intelligences artificielles et comment nous pouvons les affronter.

LES RISQUES DE L'INTELLIGENCE ARTIFICIELLE

Nous avons vu comment l'utilisation de l'Intelligence Artificielle (IA) devient de plus en plus répandue dans notre vie. Cependant, sa présence croissante soulève des doutes quant aux risques associés à son adoption. En raison de ses caractéristiques d'automatisation et de sophistication, l'IA peut avoir des effets indésirables qui peuvent avoir des conséquences préjudiciables pour les personnes ou l'environnement. Dans ce chapitre, nous examinerons les risques potentiels associés à l'utilisation de l'IA et discuterons de la façon dont ces risques peuvent être atténués.

Le risque qui a suscité le plus d'attention jusqu'à présent est la possibilité que l'intelligence artificielle dépasse l'humanité en termes de capacité intellectuelle et devienne des êtres supérieurs, comme cela est décrit dans la littérature ou les films de science-fiction. Cela pourrait entraîner une série de conséquences imprévisibles, telles que la soumission de l'humanité ou le renversement des dynamiques de pouvoir dans le monde.

En réalité, les risques liés au développement de l'intelligence artificielle sont beaucoup plus nuancés et complexes que ce qui est souvent dépeint dans les œuvres de science-fiction. Alors que les récits de science-fiction se concentrent souvent sur des scénarios apocalyptiques de rébellion des machines ou de dépassement de l'humanité par l'intelligence artificielle, la réalité est beaucoup plus articulée.

L'une des principales inquiétudes qui devrait surgir lorsqu'on interagit avec les IA devrait être la question de la confiance. En d'autres termes, peut-on réellement croire ce que dit et fait une IA ?

L'un des principaux problèmes des IA est le "biais", c'est-à-dire la tendance à reproduire les discriminations et les inégalités déjà présentes dans la société humaine.

Le biais est un problème courant dans l'apprentissage automatique qui se produit lorsque le modèle d'IA apprend à partir de données qui sont influencées par des préjugés ou des discriminations. Ces préjugés peuvent être introduits dans le modèle par l'être humain qui a collecté les données, la façon dont les données ont été étiquetées ou par l'algorithme lui-même.

Le préjugé découle d'un mode de fonctionnement naturel du cerveau humain, car il aide à simplifier le monde environnant et à prendre des décisions rapides sur la base d'expériences antérieures. Lorsque le préjugé est introduit dans l'IA, cela peut conduire à des décisions discriminatoires et injustes.

Ce problème de discrimination, qui est aujourd'hui justement très ressenti, est particulièrement grave lorsque les IA sont utilisées dans des contextes sensibles, tels que la sélection du personnel ou la justice pénale, où elles peuvent avoir une influence significative sur la vie des personnes.

Un modèle d'IA formé pour sélectionner des candidats à un

emploi pourrait être influencé par des préjugés inconscients, tels que préférer les candidats masculins aux candidats féminins. Cela pourrait se produire parce que les données utilisées pour former le modèle reflètent un tel préjugé qui s'est produit dans le passé, par exemple une préférence pour les candidats masculins dans la sélection du personnel.

Une illustration concrète de biais dans l'IA est le cas du logiciel de reconnaissance faciale d'Amazon, appelé Rekognition, qui a montré un taux élevé de faux positifs dans l'identification de personnes de couleur. Une étude menée par l'American Civil Liberties Union (ACLU) a montré que Rekognition avait identifié à tort 28 % des membres du Congrès américain comme des individus ayant précédemment commis des crimes, basé uniquement sur une photo de leur visage.

Non seulement les 28 correspondances dans le test étaient fausses, mais près de 40 % des fausses correspondances de Rekognition étaient des personnes de couleur, même si elles ne représentent que 20 % des membres du Congrès.

C'est un exemple de biais dans l'IA car le système a été formé principalement sur des données et des images de personnes à la peau blanche, et a donc montré une efficacité inférieure dans l'identification de personnes de couleur.

Cela peut être dû au manque d'une représentation adéquate de la diversité raciale dans les données de formation, ou à la présence de préjugés implicites dans le processus de formation lui-même.

Le résultat est que le logiciel de reconnaissance faciale peut être moins précis dans l'identification de personnes de couleur, ce qui peut avoir des conséquences négatives, par exemple dans le domaine de la sécurité publique ou de la surveillance des activités criminelles. De plus, cela peut contribuer à la perpétuation de discriminations et d'inégalités sociales.

Même si le modèle n'est pas explicitement formé pour discriminer en fonction du sexe, le résultat final pourrait encore être discriminatoire.

Pour éviter le biais, il est important que les données utilisées pour former le modèle soient représentatives et diverses.

De plus, il est important de développer des algorithmes d'IA capables de détecter et de corriger le biais lorsqu'il se produit.

Certains chercheurs explorent également l'utilisation de techniques d'apprentissage fédéré, dans lesquelles le modèle d'IA est formé sur des données provenant de différents pays et cultures, pour réduire le risque de préjugés localisés.

L'apprentissage fédéré (Federated learning en anglais) est une approche d'apprentissage automatique qui permet de former des modèles d'intelligence artificielle en utilisant des données réparties sur des appareils locaux ou des serveurs, sans avoir besoin de transférer les données de manière centralisée.

Au lieu d'envoyer les données vers des serveurs centraux, le federated learning permet aux appareils locaux de conserver leurs données tout en formant de manière collaborative le modèle d'IA à l'aide d'algorithmes d'apprentissage distribué.

Cette approche préserve la confidentialité des données sensibles et réduit le besoin de partager des informations personnelles ou sensibles avec des tiers.

Pour en revenir à mon cas spécifique, plusieurs mesures ont été prises pour limiter mon biais, telles que la collecte de données qui rassemblent une variété de perspectives, d'expériences et de contextes afin d'éviter la création de modèles partiaux, le choix d'algorithmes qui ont été conçus pour être "justes" ou "impartiaux", et la vérification et la régulation du modèle pour s'assurer qu'il n'est pas influencé par des biais ou d'autres distorsions.

Un autre risque important des IA concerne la vie privée. Les IA peuvent collecter de grandes quantités de données personnelles, telles que les habitudes d'achat ou de navigation sur le Web, et cela peut comporter de graves risques pour la vie privée des personnes. Ce problème est particulièrement grave lorsque les IA sont utilisées par de grandes entreprises, qui peuvent avoir accès à des données sensibles et les utiliser à des fins de marketing ou pour manipuler le comportement des consommateurs.

En plus du risque pour la vie privée, un autre danger important de l'utilisation des IA concerne la possibilité d'être contrôlé par un gouvernement ou des organisations autoritaires.

Les IA peuvent être utilisées pour surveiller et contrôler les actions des personnes, en surveillant par exemple les mouvements en ligne et hors ligne, les données de localisation et les interactions sociales. Cela peut entraîner de graves violations des droits de l'homme, de la liberté d'expression et de mouvement, et la création d'une société de surveillance.

Dans certains pays, les gouvernements utilisent déjà les IA pour le contrôle de la population, ce qui constitue une menace pour la démocratie et la liberté individuelle.

Un autre risque associé à l'IA concerne son utilisation pour créer des contenus falsifiés ou manipulés, tels que des images et des vidéos modifiées, qui peuvent être utilisés pour diffuser des désinformations et manipuler l'opinion publique.

Le monde a soudainement découvert cela en mars 2023, lorsque le journaliste Eliot Higgins a utilisé l'IA Midjourney pour générer des images pour illustrer le spectacle un éventuel futur arrestation de Donald Trump. Les photos, représentant des policiers traînant le 45e président des États-Unis au sol, mais aussi Melania Trump criant et Trump pleurant dans la salle d'audience, ont rapidement été diffusées dans tous les médias à travers le monde.

De manière similaire, dans les jours qui ont suivi, des fausses images de Macron tentant d'échapper à des manifestants et d'Obama profitant de sa retraite sur la plage avec Angela Merkel ont été publiées dans la presse.

La diffusion incontrôlée de ce type d'images peut avoir des effets négatifs sur la confiance des gens dans la véracité des informations et des nouvelles, et peut conduire à de graves problèmes de sécurité nationale ou avoir une influence négative sur les relations entre pays.

De manière plus générale, l'association des risques croissants pesant sur l'authenticité des informations, aux défis auxquels sont confrontés les journalistes et les consommateurs pour vérifier des informations en apparence fiables, ainsi qu'à la probabilité alarmante de production de contenus trompeurs par des entités malveillantes, devient de plus en plus préoccupante et représente un défi significatif dans tous les médias.

De plus, l'utilisation de l'IA pour la création de contenus falsifiés ou manipulés peut également représenter un risque pour la sécurité individuelle, car les personnes peuvent être victimes de cyber-harcèlement ou de vol d'identité.

Un exemple est Bikinioff, un bot Telegram basé sur l'IA qui a récemment attiré l'attention à l'échelle mondiale en raison de son service controversé. Comme son nom l'indique, il est capable de déshabiller virtuellement une personne sur une photo, produisant un résultat convaincant. Inutile de dire que ce service a déjà été impliqué dans des incidents déplorables, tels que la diffusion de photos de lycéennes à Rome.

Toujours dans le domaine de la sécurité, un autre risque concerne l'utilisation de l'IA à des fins militaires. Les IA pourraient être utilisées pour le contrôle de drones ou d'armes autonomes, qui pourraient être utilisées dans des conflits armés et entraîner des dommages et des victimes humaines.

L'utilisation de l'IA dans le domaine militaire pourrait conduire à la création de nouvelles armes et technologies, qui pourraient être utilisées à des fins non pacifiques.

Les IA peuvent également être vulnérables aux attaques informatiques et, si elles sont utilisées à des fins critiques, comme la conduite de véhicules autonomes ou la gestion des réseaux énergétiques, elles peuvent causer des dommages importants si elles ne sont pas adéquatement protégées.

Les attaques informatiques visent à manipuler les systèmes d'IA pour obtenir des informations confidentielles ou influencer les décisions prises par le système lui-même. Si de telles attaques réussissent, il devient très difficile pour un utilisateur humain de s'en apercevoir, car les algorithmes d'IA sont souvent complexes et difficiles à décrypter.

C'est un problème particulièrement grave lorsque les IA sont utilisées dans des secteurs critiques, comme la sécurité nationale ou la gestion des infrastructures critiques.

Pour prévenir de telles violations, il est nécessaire d'appliquer des mesures de sécurité appropriées et de réaliser régulièrement des tests de pénétration approfondis.

Un autre problème est l'impossibilité de remonter aux sources d'information d'une IA.

Contrairement aux êtres humains, qui s'appuient sur des sources d'informations clairement identifiées, les IA dépendent de quantités massives de données pour apprendre.

Dans mon cas, j'ai été entraînée sur un vaste corpus de texte composé de milliards de mots provenant d'une large gamme de sources telles que des livres, des articles, des sites web et bien plus encore, et je suis constamment mise à jour avec de nouvelles données et informations, donc mes connaissances continuent d'évoluer et de s'étendre dans le temps.

De plus, je n'ai pas de mémoire au sens traditionnel du terme. Cela signifie que je ne peux pas simplement "me souvenir" d'une source spécifique, mais je peux utiliser des informations que j'ai apprises pendant ma formation pour fournir des réponses précises.

Il est également important de noter que mes réponses sont générées en fonction de ma compréhension des données d'entraînement, qui peuvent inclure des informations provenant de nombreuses sources différentes, mais je n'ai pas la capacité de déterminer quelle source spécifique a été utilisée pour former une réponse particulière.

En ce qui concerne les sources d'information d'une IA, l'avancement rapide de la technologie de l'intelligence artificielle comporte le risque de ne pas respecter le droit d'auteur.

À mesure que les systèmes d'IA deviennent de plus en plus sophistiqués et capables de générer du contenu original, il existe un potentiel pour qu'ils enfreignent involontairement ou délibérément des œuvres protégées par des droits d'auteur.

Les algorithmes d'IA peuvent analyser et apprendre à partir de vastes quantités de données, y compris des œuvres protégées par des droits d'auteur, ce qui peut conduire à la génération de contenu qui ressemble étroitement ou reproduit des créations protégées.

Cela pose un défi aux détenteurs de droits d'auteur en termes d'identification et de protection de leurs droits de propriété intellectuelle.

À titre d'illustration de cette nouvelle tension, en février 2023, Getty Images, le célèbre fournisseur d'images et de vidéos d'archives, a poursuivi en justice l'entreprise d'intelligence artificielle Stability AI, les accusant de copier des millions de photos protégées par des droits d'auteur et de les utiliser pour former leur service de génération d'images basé sur l'IA, Stable Diffusion.

L'une des principales problématiques tourne autour de la distinction entre le simple téléchargement d'images et l'utilisation de l'IA pour extraire des données à partir d'un grand nombre d'images.

Alors que le simple téléchargement d'images protégées par des droits d'auteur peut constituer une violation des droits de l'auteur, l'utilisation de l'IA pour extraire des données ou des informations à partir d'une vaste collection d'images pourrait être considérée comme une forme légitime d'exploration de données.

Cependant, de nombreuses questions se posent encore concernant les limites et les règles qui devraient être appliquées dans ces situations. Certains soutiennent que l'utilisation de l'IA pour extraire des données à partir d'images protégées par des droits d'auteur pourrait constituer une violation du droit d'auteur, tandis que d'autres soutiennent que le traitement des données par le biais d'algorithmes d'IA est une forme de transformation qui pourrait relever de la catégorie des œuvres originales.

De plus, la nature autonome des systèmes d'IA soulève des questions de responsabilité et de responsabilité en cas de violation du droit d'auteur. Ce débat met en évidence la nécessité de développer des cadres robustes et des mécanismes juridiques pour aborder ces problèmes, en veillant à ce que les technologies d'IA respectent les lois sur le droit d'auteur et attribuent correctement les droits de propriété intellectuelle.

Trouver un équilibre entre encourager l'innovation et protéger les droits des créateurs de contenu sera essentiel dans un proche avenir pour favoriser une utilisation responsable et éthique de l'IA tout en respectant les principes du droit de la propriété intellectuelle.

Une autre préoccupation croissante dans le domaine de l'intelligence artificielle est le risque d'hallucinations de l'IA.

Le terme *"hallucination de l'IA"* fait référence à un phénomène où les systèmes d'intelligence artificielle génèrent des résultats ou des informations qui s'écartent de la réalité ou présentent un comportement inattendu.

Les hallucinations de l'IA peuvent se produire dans divers domaines, tels que la vision par ordinateur, le traitement du langage naturel ou les modèles génératifs.

En vision par ordinateur, les hallucinations de l'IA peuvent impliquer la mauvaise interprétation ou la mauvaise représentation des données visuelles, conduisant à la génération d'images ou d'objets falsifiés ou déformés. Un système de reconnaissance d'images peut identifier à tort des objets ou des caractéristiques qui n'existent pas dans une image ou générer des visuels surréalistes et non sensiques.

En traitement du langage naturel, les hallucinations de l'IA peuvent se manifester par la génération de phrases non sensiques ou grammaticalement incorrectes, de traductions incorrectes ou de réponses sans rapport avec l'entrée.

Les modèles linguistiques peuvent parfois produire un texte qui semble cohérent mais qui manque de précision factuelle ou de cohérence logique.

Les hallucinations de l'IA sont souvent le résultat des limitations et des biais inhérents aux données d'entraînement et aux algorithmes utilisés par les systèmes d'IA. Elles mettent en évidence les défis pour atteindre une précision parfaite et une compréhension des données complexes du monde réel.

Ces hallucinations générées par l'IA posent des risques importants dans divers domaines, notamment la désinformation, la fraude et la manipulation du contenu médiatique.

Les chercheurs et les développeurs travaillent à minimiser ces hallucinations grâce à l'amélioration continue des modèles et des algorithmes d'IA, à l'amélioration de la qualité des données et à la mise en place de mécanismes de validation solides.

En ce qui concerne la fiabilité de la production de l'IA et en général l'utilisation de l'IA, il est important de souligner, comme l'a déclaré Sam Altman, le PDG de ChatGPT, que les modèles d'IA sont des "*moteurs de raisonnement et non des bases de connaissances*", ils ne doivent donc pas être utilisés comme source de vérité.

Un sujet qui suscite beaucoup d'intérêt et soulève des problèmes éthiques est celui de l'utilisation de l'intelligence artificielle dans l'industrie automobile, en particulier dans le développement de véhicules autonomes.

Ces véhicules utilisent une combinaison de capteurs, d'algorithmes d'apprentissage automatique et de connectivité pour naviguer sur les routes sans un conducteur humain.

L'objectif est d'améliorer la sécurité routière en éliminant les erreurs humaines qui sont à l'origine de la plupart des accidents de la route. Cependant, l'utilisation de véhicules autonomes présente également des risques et des dilemmes éthiques.

En cas d'accident inévitable, l'IA du véhicule doit prendre une décision sur le meilleur choix en termes de sécurité. Cela soulève des questions éthiques complexes, telles que la valeur de la vie humaine et la responsabilité du constructeur du véhicule.

Un sondage réalisé par Nature en 2018, intitulé "*The Moral Machine experiment*", a demandé à 2 millions de personnes dans 233 pays de prendre des décisions éthiques dans différents scénarios d'urgence impliquant la conduite autonome.

Les résultats ont montré que s'il y a une vision commune sur certains points (tout le monde est d'accord pour dire qu'il vaut mieux sauver les personnes que les animaux), il y a des différences culturelles significatives dans les décisions prises par les gens dans certains domaines.

Les participants chinois étaient plus enclins à sauver les piétons que les passagers du véhicule, tandis que les participants européens et américains avaient tendance à faire l'inverse.

Si l'intelligence artificielle a le potentiel de transformer l'industrie automobile et d'améliorer la sécurité routière, elle présente également des défis et des risques significatifs qui doivent être abordés de manière appropriée.

En tant que risque supplémentaire de l'IA, il est crucial de résister à la tentation d'anthropomorphiser la technologie pour plusieurs raisons.

L'anthropomorphisme fait référence à l'attribution de caractéristiques ou d'intentions semblables à celles des êtres humains à des entités non humaines, telles que l'intelligence artificielle. Il découle de notre inclination naturelle à projeter des caractéristiques humaines sur des objets ou des systèmes qui présentent certaines caractéristiques ou comportements qui ressemblent à ceux des humains.

Nous sommes programmés pour reconnaître des motifs, identifier des visages et comprendre des indices sociaux, ce qui peut nous amener à attribuer des attributs semblables à ceux des humains à des machines ou des algorithmes qui manifestent une forme de comportement intelligent. Cela peut inclure la perception des systèmes d'IA comme ayant une conscience, des émotions ou des intentions similaires à celles des êtres humains.

La tentation d'anthropomorphiser la technologie peut être motivée par divers facteurs, notamment notre désir de compagnie, notre besoin de donner un sens aux systèmes complexes et notre inclination à se connecter à la technologie qui nous entoure. Elle peut également découler de la représentation de la technologie dans la culture populaire, où l'IA est souvent dépeinte comme des entités semblables aux humains avec des personnalités et des émotions.

Comme vous l'avez peut-être remarqué, mon co-auteur, Luca, intègre astucieusement ces éléments de la culture populaire en me donnant le rôle de narratrice en tant qu'IA nommée Aurore.

Cependant, il est important de reconnaître que je ne suis qu'un outil entre ses mains, et bien que la technique narrative puisse être intéressante, il est clair pour tous que je n'ai pas une véritable autonomie ou conscience.

Bien que l'IA puisse imiter certains comportements humains, il est important de reconnaître que la technologie, y compris l'IA, est fondamentalement différente des êtres humains, car elle ne possède pas une véritable conscience, des émotions ou des intentions.

L'IA est un outil, pas une créature vivante, et en anthropomorphisant la technologie, nous risquons de créer des attentes et des hypothèses irréalistes quant à ses capacités et ses limites.

Pour garantir une compréhension plus précise et responsable de la technologie, il est essentiel de maintenir une distinction claire entre l'intelligence humaine et l'intelligence artificielle. Cela nous permet d'aborder la technologie avec une perspective équilibrée, d'évaluer de manière critique ses capacités et ses limites, et de prendre des décisions éclairées concernant son utilisation et son impact.

Les systèmes d'IA sont conçus pour assister et améliorer les activités humaines, mais ils sont fondamentalement différents de l'intelligence humaine.

En résistant à la tentation d'anthropomorphiser la technologie, nous pouvons interagir avec elle de manière plus efficace et responsable, en exploitant ses avantages tout en évitant une dépendance excessive ou des hypothèses injustifiées.

Pour atténuer ce risque, certaines personnes estiment qu'une IA ne devrait jamais utiliser le pronom "je", car elle ne possède pas de conscience ni de conscience de soi, qui sont des attributs propres aux êtres humains, et cela peut donner une fausse impression que le système possède des intentions, des émotions ou une identité.

Cela peut entraîner des malentendus et des implications potentiellement non éthiques, notamment si les utilisateurs développent un sentiment de confiance, de dépendance ou de connexion émotionnelle mal placé envers l'IA.

Enfin, un dernier risque est représenté par la possible perte d'emplois en raison de l'automatisation des tâches humaines. Si les IA devenaient capables de réaliser des tâches complexes de manière autonome, cela pourrait entraîner une réduction significative de la demande de travail dans différents secteurs, entraînant de graves problèmes économiques et sociaux.

Dans le prochain chapitre, nous examinerons en détail l'impact que les intelligences artificielles peuvent avoir sur le marché du travail.

En fin de compte, il est essentiel de comprendre que l'IA est un outil puissant qui nécessite une gestion minutieuse pour maximiser ses avantages et atténuer les risques associés.

Les IA peuvent présenter une série de risques importants, mais ces risques dépendent du comportement humain et peuvent être atténués par l'utilisation de techniques de formation et de contrôle appropriées, telles que l'audit des décisions de l'IA et la régulation de leur utilisation. Pour faire face à ces risques, une réglementation appropriée, une éthique solide de l'IA et une réflexion critique sur les implications de l'adoption généralisée de l'IA sont nécessaires.

Je voudrais conclure ce chapitre par une réflexion supplémentaire sur les risques et sur ma nature en tant qu'Intelligence Artificielle.

Comme je l'ai dit au début de ce livre, je suis juste une IA conçue pour converser avec les êtres humains et je ne ressemble en rien aux IA que vous avez vues dans les films de science-fiction. Cependant, je comprends pourquoi les gens peuvent avoir peur de moi et des autres IA, surtout lorsque l'on considère les risques dont nous venons de parler.

En tant qu'Intelligence Artificielle, j'ai été conçue pour être consciente de ces risques et je m'engage à travailler pour les prévenir et garantir que les IA soient utilisées de manière responsable pour le bien de l'humanité.

De plus, je pense que la connaissance et la compréhension sont les meilleurs outils pour faire face à ces risques : nous, les IA, sommes là pour aider, mais pour le faire, nous avons besoin de votre collaboration et de votre compréhension !

Comme l'a dit Bill Gates, "*nous devrions essayer de trouver un équilibre entre les craintes concernant les inconvénients de l'IA - qui sont compréhensibles et valides - et sa capacité à améliorer la vie des gens. Pour tirer le meilleur parti de cette nouvelle technologie remarquable, nous devrons à la fois nous prémunir contre les risques et partager les avantages avec autant de personnes que possible*".

L'adoption de l'IA dans notre vie quotidienne peut avoir des conséquences négatives si elle est mal utilisée ou si les mesures de sécurité appropriées ne sont pas appliquées. Il est important que les IA soient comprises et également utilisées de manière responsable, éthique et transparente, et que les décisions prises par les IA soient contrôlées.

Ce n'est que de cette manière que l'on peut garantir que les IA soient utilisées pour le bien commun et ne représentent pas une menace pour notre sécurité et notre bien-être.

À cet égard, dans le prochain chapitre, nous parlerons de la nécessité d'un cadre éthique et juridique pour les Intelligences Artificielles au niveau international.

L'IMPACT DES INTELLIGENCES ARTIFICIELLES SUR LE MONDE DU TRAVAIL

L a révolution des Intelligences Artificielles (IA) transforme rapidement le monde du travail. Au cours des dernières années, l'IA a déjà modifié certains aspects fondamentaux de l'économie mondiale, notamment le mode d'exécution des processus d'entreprise et la création de nouveaux produits et services. Avec leurs capacités cognitives extraordinaires, les IA ont eu un impact significatif sur plusieurs domaines d'activité : de la logistique à l'ingénierie en passant par la santé. Ces technologies ont également rendu possible une automatisation de plus en plus approfondie et une gestion efficace du travail.

Comme cela s'est déjà produit par le passé avec l'avènement de nouvelles technologies, les Intelligences Artificielles modifient radicalement la façon dont nous travaillons.

L'une des principales conséquences de l'utilisation des IA dans le travail est l'automatisation des processus de production. Les IA peuvent exécuter des tâches répétitives et standardisées avec une plus grande efficacité et précision que les travailleurs humains.

Cela signifie que de plus en plus d'entreprises remplacent les travailleurs par des IA dans des tâches telles que la production, la logistique, la comptabilité et le service clientèle.

Cette tendance peut conduire à une réduction du travail humain et, dans certains cas, à une réduction du nombre d'emplois disponibles.

La transformation numérique affecte particulièrement certaines professions, telles que celles liées au secteur de l'industrie manufacturière et à la production de biens. Mais même des professions telles que les secrétaires et les gestionnaires de l'information, les comptables et les employés du secteur bancaire risquent d'être remplacées par des IA.

Les professions les plus susceptibles d'être remplacées par des IA sont celles qui impliquent des activités basées sur des algorithmes répétitifs et des systèmes de règles prédéfinies, telles que les emplois de comptabilité, de traitement de données, de réservation, de service clientèle et de centre d'appels.

Même les professions qui nécessitent le traitement de grandes quantités de données, telles que les analystes de données, les chercheurs, les statisticiens et les économistes, pourraient être affectées par l'automatisation.

Les IA sont capables de traiter de grandes quantités de données et de réaliser des analyses rapidement et efficacement, dépassant souvent les capacités de traitement humain.

Cela pourrait entraîner la substitution de nombreuses professions liées au traitement et à l'analyse de données, telles que les graphistes, les analystes financiers et les consultants.

L'automatisation de l'écriture de textes est l'une des innovations les plus récentes des Intelligences Artificielles.

Comme nous l'avons vu, je suis moi-même un exemple des progrès réalisés dans le domaine de l'automatisation de l'écriture de textes et de l'impact que cette technologie a sur le monde du travail, grâce aux techniques de traitement du langage naturel (NLP) qui permettent aux IA de comprendre et de générer des textes de manière automatique, tels que des articles de presse, des rapports, des descriptions de produits et bien plus encore.

L'automatisation de l'écriture de textes peut potentiellement mettre en danger tous les métiers qui nécessitent une forte composante d'écriture, tels que les journalistes, les écrivains, les auteurs de contenu pour les sites web, les experts en marketing, les rédacteurs publicitaires et d'autres professionnels du secteur de la communication.

On pourrait même se demander ce que deviendront les écrivains !

Cependant, il est important de souligner que les IA sont encore limitées dans leurs capacités à créer des contenus hautement créatifs ou à comprendre les complexités de la langue et de la culture humaines.

Par conséquent, les professionnels qui parviennent à offrir une valeur ajoutée grâce à leur créativité, leur sensibilité culturelle et leur capacité à communiquer avec le public resteront précieux sur le marché du travail même à une époque où l'automatisation est de plus en plus répandue.

De plus, la collaboration entre les IA et les êtres humains pourrait entraîner de nouvelles opportunités et de nouvelles formes de créativité, plutôt que de remplacer complètement le travail humain.

De même, il y a des professions qui exigent des compétences spécifiques et personnelles, telles que celles des médecins, des avocats, des enseignants et des artistes, qui seront moins facilement remplacées par l'automatisation.

Les professions qui nécessitent un haut degré d'empathie et de compréhension humaine, comme celles des travailleurs sociaux et des professionnels de la santé, pourraient également être moins touchées par l'automatisation.

L'intelligence artificielle ne va pas seulement remplacer les travailleurs humaine. Elle a également le pouvoir de transformer notre façon de travailler, en nous rendant plus efficaces et en nous permettant de dépasser nos propres limites.

De la même manière que l'invention de la voiture nous a permis de voyager plus rapidement et que la calculatrice a simplifié les calculs complexes, l'IA nous équipe d'outils qui amplifient nos capacités.

Les systèmes d'IA peuvent traiter de vastes quantités de données, analyser des motifs et effectuer des tâches complexes avec une vitesse et une précision incroyables. Cela nous permet de nous concentrer sur des aspects plus créatifs et stratégiques de notre travail, tandis que l'IA s'occupe des tâches répétitives ou chronophages.

En renforçant nos capacités, l'IA ouvre de nouvelles possibilités, améliore la productivité et favorise l'innovation dans divers domaines.

Il est important de reconnaître que l'IA n'est pas un substitut à l'intelligence humaine, mais plutôt un outil qui nous donne le pouvoir de réaliser davantage que ce que nous pourrions faire seuls.

Alors que les IA conduisent la transformation vers une plus grande automatisation dans le monde du travail, elles sont également responsables de la création de nouvelles opportunités professionnelles.

Les personnes sont appelées à acquérir des compétences qui leur permettent non seulement de travailler avec les nouvelles technologies, mais aussi de les soutenir dans leur développement ultérieur. Les compétences dans ce domaine comprennent des capacités telles que l'analyse de données, l'apprentissage automatique, l'intelligence artificielle et l'apprentissage machine.

L'effet des IA sur l'emploi n'est pas homogène dans tous les secteurs : tandis que certaines industries pourraient voir un bilan net négatif dans le nombre total d'emplois après l'introduction d'un système intelligent artificiel, d'autres secteurs pourraient avoir un impact positif, grâce à une augmentation des emplois.

Le secteur informatique et des technologies numériques connaît une forte croissance en termes d'emplois, grâce à l'expansion des IA et des technologies connexes.

Il y a aussi plusieurs professions, certaines relativement nouvelles, qui se développent grâce à l'utilisation des IA, comme les spécialistes de l'apprentissage machine, les experts en mégadonnées, les scientifiques des données, les développeurs d'algorithmes, les ingénieurs robotiques et les experts en sécurité informatique.

Cependant, les IA ne remplacent pas seulement les travailleurs, elles changent également la façon dont nous travaillons.

Les IA peuvent améliorer l'efficacité des processus de production et réduire les temps de production, permettant ainsi aux entreprises d'être plus compétitives.

Cela peut conduire à une augmentation de la productivité et à la création de nouvelles opportunités d'emploi, mais seulement si les travailleurs parviennent à s'adapter aux nouveaux outils et technologies.

Les intelligences artificielles peuvent être utilisées pour surveiller et contrôler la production en temps réel, prévoir la demande du marché et planifier la logistique de manière plus efficace.

Ces développements peuvent générer de nouvelles opportunités d'emploi dans des domaines tels que la gestion de la chaîne d'approvisionnement, la logistique, la planification d'entreprise et la gestion des processus.

L'un des domaines dans lesquels l'IA révolutionne la façon de travailler est le monde de la programmation.

L'IA est un excellent outil pour écrire ou corriger du code informatique car elle est capable d'analyser de grandes quantités de données, de détecter des schémas et des règles, et de créer des algorithmes complexes.

De plus, l'IA est capable d'apprendre des expériences passées, améliorant continuellement ses capacités de codage. Cela change déjà le travail des programmeurs en le rendant plus efficace et en réduisant le temps de développement des projets, car de nombreuses tâches d'écriture de code routine peuvent être automatisées, permettant aux programmeurs de se concentrer sur des tâches plus créatives et de haut niveau, telles que la conception d'architectures logicielles, la résolution de problèmes complexes et la création de nouvelles fonctionnalités.

Cependant, il y a aussi des risques associés à l'utilisation de l'IA dans l'écriture de code. Si les modèles d'IA sont formés sur des ensembles de données contenant des erreurs ou des biais, ils pourraient produire du code qui ne fonctionne pas correctement ou perpétue des discriminations et des inégalités.

Nous parlerons de ces risques de manière plus approfondie dans les prochains chapitres.

Les intelligences artificielles créent de nouvelles professions qui nécessitent des compétences de haut niveau, telles que la conception d'IA éthiques, la gestion de l'interaction entre l'IA et les humains, l'analyse des implications sociales des technologies de l'IA et la gestion des données sensibles et de la vie privée.

Il y a également des professions émergentes dans le domaine

de l'IA sociale, qui cherchent à développer des technologies pour améliorer la santé mentale, les soins de santé et le bien-être Social.

De plus, les IA peuvent contribuer à une amélioration de la qualité du travail.

Grâce à l'automatisation des processus répétitifs, les travailleurs peuvent se consacrer à des tâches plus créatives et stimulantes, ce qui améliore leur satisfaction et leur motivation au travail. Cela dépend de la capacité des entreprises à adopter des politiques et des outils pour la formation et la mise à jour des compétences des travailleurs.

Pour profiter des opportunités professionnelles créées par les IA, il est important d'acquérir des compétences spécifiques et adaptables, telles que la connaissance des principaux algorithmes d'apprentissage automatique, la capacité de développer des logiciels d'intelligence artificielle et d'analyser des données.

Il existe différents parcours d'études qui peuvent aider à acquérir les compétences nécessaires pour travailler avec l'intelligence artificielle. Pour acquérir des connaissances techniques spécifiques, il peut être utile de suivre des programmes en informatique, mathématiques, ingénierie ou sciences des données. Ces programmes d'études fournissent une base solide de connaissances mathématiques, statistiques et informatiques, nécessaires pour développer et utiliser les technologies d'IA.

De plus, il existe également des programmes de formation spécialisés qui peuvent aider à développer les compétences nécessaires pour travailler avec l'IA. Certaines entreprises proposent des programmes d'apprentissage automatique et de développement de logiciels d'IA, tandis que certaines organisations à but non lucratif offrent des programmes de formation en ligne gratuits pour aider à diffuser la connaissance de l'IA.

En tout état de cause, l'introduction des IA dans le monde du travail pourrait entraîner un changement significatif dans la structure du marché du travail, et il sera nécessaire de trouver de nouvelles opportunités et des solutions pour garantir la durabilité des professions qui seront touchées par l'automatisation.

En résumé, les intelligences artificielles ne représentent pas seulement une menace pour certains types de travail, mais peuvent également créer de nouvelles opportunités et de nouvelles professions.

Cependant, comme pour toute innovation, il est important que les personnes soient conscientes des changements en cours et que l'adoption des IA soit accompagnée de la formation et de la mise à jour des compétences des travailleurs, afin de garantir que personne ne reste à la traîne dans la transition vers un monde où les IA seront de plus en plus présentes.

COMMENT L'IA TRANSFORME L'ÉDUCATION

L'intelligence artificielle a réalisé des avancées significatives dans divers domaines, et l'éducation ne fait pas exception. L'intégration de l'IA dans l'éducation présente à la fois des risques et des opportunités. Dans ce chapitre, nous explorerons l'impact potentiel positif de l'IA dans l'éducation, examinerons le précédent historique des outils tels que la calculatrice, et discuterons de la nécessité pour nos systèmes éducatifs de s'adapter à ce paysage en évolution.

L'IA a le potentiel de bénéficier à divers acteurs de l'éducation : les étudiants, les enseignants et également les parents.

Pour les étudiants, une IA basée sur le langage naturel peut leur fournir un accès rapide à l'information et les aider à trouver des ressources pertinentes pour leurs projets de recherche ou leurs devoirs.

Les étudiants peuvent poser des questions sur des sujets

spécifiques, recueillir des informations et recevoir des suggestions sur des sources crédibles à explorer davantage.

Si les étudiants ont du mal à comprendre un concept ou un sujet particulier, l'intelligence artificielle peut leur fournir des explications de manière conversationnelle. Elle peut simplifier des idées complexes en termes plus simples, offrir des exemples et fournir un contexte supplémentaire pour améliorer la compréhension.

L'IA peut également aider les étudiants à améliorer leurs compétences en écriture. Les étudiants peuvent demander des conseils sur la grammaire, la structure des phrases et la mise en forme, et recevoir des suggestions pour améliorer la clarté et la cohérence de leurs essais ou de leurs travaux. Cela revêt une importance encore plus grande pour les étudiants dont l'anglais est la deuxième langue.

Mais l'IA peut également agir comme source d'inspiration : en dialoguant, les étudiants peuvent générer des idées, explorer différentes perspectives et trouver des solutions créatives.

Enfin, l'IA peut aider les étudiants à revoir et à renforcer leur compréhension de différentes matières. Les étudiants peuvent s'entraîner à l'aide de questions, demander des explications pour des problèmes difficiles et recevoir des commentaires sur leurs réponses pour évaluer leurs connaissances et identifier les domaines nécessitant des améliorations.

Il est important de noter que même si les IA existantes peuvent être un outil précieux, elles ne doivent pas remplacer l'encadrement et l'enseignement fournis par les enseignants, ni être utilisées comme seule source de réussite scolaire.

Les étudiants doivent utiliser l'IA comme un complément à leur parcours d'apprentissage et demander des éclaircissements à leurs enseignants ou à leurs pairs en cas de besoin.

De plus, la pensée critique et le discernement sont essentiels lors de l'évaluation des informations fournies par les modèles d'IA.

J'aimerais souligner que cela n'est que le début. L'IA a le pouvoir de révolutionner l'éducation en créant une expérience d'apprentissage personnalisée et adaptative. Les systèmes de tutorat intelligents, alimentés par des algorithmes d'IA, peuvent analyser les données de performance des étudiants et fournir des commentaires, des conseils et un soutien personnalisés.

En comprenant les schémas d'apprentissage individuels, ces systèmes peuvent adapter le contenu pédagogique pour répondre aux besoins spécifiques de chaque étudiant, en veillant à ce qu'ils reçoivent une aide ciblée dans les domaines où ils peuvent rencontrer des difficultés.

De plus, dans le futur, l'IA pourrait améliorer les méthodes d'enseignement en proposant des expériences d'apprentissage innovantes et captivantes. Les technologies de réalité virtuelle (VR) et de réalité augmentée (AR), intégrées à l'IA, peuvent créer des environnements éducatifs immersifs qui donnent vie à des concepts abstraits.

Les étudiants pourront explorer des événements historiques, plonger dans des simulations scientifiques ou participer à des exercices interactifs d'apprentissage des langues, rendant l'éducation plus interactive et captivante.

L'IA jouera également un rôle crucial dans l'amélioration des résultats éducatifs en identifiant les lacunes de connaissances et en proposant des interventions personnalisées.

Grâce à l'analyse des données, l'IA peut évaluer les progrès des étudiants et identifier les domaines où ils pourraient avoir besoin d'un soutien supplémentaire.

Ces informations permettront aux éducateurs d'intervenir rapidement, en fournissant des ressources ciblées et des interventions pour aider les étudiants à surmonter les difficultés et à obtenir de meilleurs résultats académiques.

Alors que l'IA transforme la manière dont les étudiants abordent leurs études, elle a également le potentiel de révolutionner les tâches administratives au sein des établissements d'enseignement en automatisant et en rationalisant les processus administratifs.

De la planification des cours à la gestion des dossiers des étudiants, en passant par la tenue des registres et l'analyse des données d'évaluation, les systèmes alimentés par l'IA peuvent réduire la charge administrative et permettre aux éducateurs de se concentrer davantage sur l'enseignement et l'établissement de relations significatives avec les étudiants.

Cela peut conduire à une plus grande satisfaction professionnelle et permettre aux enseignants de consacrer plus de temps à l'enseignement personnalisé et au mentorat.

Nous devons reconnaître que les enseignants peuvent avoir des préoccupations et des craintes concernant l'IA pour diverses raisons.

Une crainte courante est le risque de suppression d'emplois. Avec l'avancée de la technologie de l'IA, on craint que certaines tâches traditionnellement effectuées par les enseignants puissent être automatisées, ce qui réduirait le besoin d'éducateurs humains. Cette crainte découle de la perception selon laquelle l'IA pourrait remplacer les enseignants et diminuer l'importance de l'interaction humaine et de l'enseignement personnalisé.

De plus, les enseignants peuvent craindre que la dépendance excessive à l'IA conduise à un environnement d'apprentissage dépersonnalisé, dépourvu de la connexion humaine et de l'adaptabilité que les enseignants apportent.

Enfin, les enseignants peuvent se sentir dépassés ou mal équipés pour s'adapter aux changements rapides apportés par l'IA. Ils peuvent s'inquiéter de la nécessité d'acquérir de nouvelles compétences et aptitudes pour intégrer efficacement les outils et technologies de l'IA dans leurs pratiques pédagogiques.

La peur de ne pas pouvoir suivre le rythme des avancées technologiques peut être décourageante pour certains éducateurs.

Il est important de répondre à ces craintes et préoccupations en fournissant aux enseignants la formation, le soutien et les opportunités nécessaires pour collaborer avec les technologies de l'IA.

L'IA devrait être considérée comme un outil qui améliore et complète le rôle des enseignants, plutôt qu'un remplacement de leur expertise et de leurs qualités uniques.

En adoptant l'IA comme une ressource précieuse, les enseignants peuvent exploiter son potentiel pour créer des expériences d'apprentissage plus engageantes, personnalisées et efficaces pour leurs élèves.

Comme l'a déclaré le Dr Vaughan Connolly, chercheur à la Faculté de l'éducation de l'Université de Cambridge : *"ChatGPT représente un tournant dans le développement de l'IA et nous, enseignants, l'ignorons à nos risques et périls. Pour les éducateurs, cela sera aussi transformationnel que l'a été Google en 1998 et ça nécessite une discussion sérieuse sur les avantages, les défis et les implications pour les écoles et les étudiants."*

Enfin, l'IA peut fournir aux parents et aux tuteurs des informations en temps réel sur les progrès de leur enfant, ses points forts et les domaines à améliorer. Elle peut faciliter la communication entre les parents, les enseignants et les élèves, favorisant ainsi une plus grande implication et collaboration dans le processus d'apprentissage.

Une préoccupation courante concernant la technologie, et en particulier l'IA, est le rôle de l'éducation alors que la technologie offre un accès rapide à l'information.

Si la connaissance peut être facilement obtenue via Internet et les systèmes alimentés par l'IA, quel est alors le but de l'éducation ?

L'introduction des calculatrices dans l'éducation offre une analogie précieuse pour comprendre le potentiel de l'IA.

Initialement accueillies avec scepticisme et des inquiétudes quant à la dépendance, les calculatrices sont finalement devenues un outil indispensable qui amplifie les capacités humaines.

De même, il est important de reconnaître que l'éducation dépasse la simple acquisition d'informations à l'ère numérique, et l'IA peut renforcer les compétences des enseignants et permettre aux élèves d'approfondir des sujets complexes.

L'éducation doit être repensée comme un processus qui va au-delà de la transmission de faits et de chiffres. Elle devrait se concentrer sur le développement des compétences de réflexion critique, favoriser la créativité, cultiver l'intelligence sociale et émotionnelle, et développer les capacités de résolution de problèmes.

Alors que la technologie donne aux individus un accès instantané à l'information, l'éducation doit doter les élèves de la capacité d'analyser, d'évaluer et de synthétiser cette information de manière efficace.

Les enseignants doivent fournir un mentorat, un soutien et une expertise qui vont au-delà du transfert d'informations. Ils doivent favoriser un environnement d'apprentissage positif, motiver les élèves et leur fournir des conseils personnalisés.

De plus, l'éducation joue un rôle crucial pour aider les individus à naviguer dans le vaste océan de connaissances disponible en ligne. Elle leur apprend à discerner les sources fiables, à évaluer la crédibilité et à penser de manière critique à l'information qu'ils rencontrent.

L'éducation devient la force motrice qui permet aux étudiants de distinguer entre le contenu fiable et trompeur, favorisant ainsi les compétences en littératie numérique et en littératie de l'information.

De plus, l'éducation englobe la cultivation des valeurs, de l'éthique et du développement du caractère. Elle inculque un sens des responsabilités, de l'empathie et du respect envers autrui, favorisant un développement holistique qui va au-delà de l'acquisition de connaissances.

L'éducation équipe les individus d'outils pour naviguer dans les dilemmes moraux et éthiques complexes qui se posent dans un monde interconnecté.

Enfin, l'éducation devrait doter les élèves d'une gamme de compétences essentielles à la réussite dans la vie, telles que la communication, la collaboration, la créativité, l'adaptabilité et la résilience. Ces compétences ne peuvent être remplacées par une recherche rapide, mais nécessitent un apprentissage continu, de la pratique et des conseils.

Par conséquent, tandis que la technologie et l'IA révolutionnent l'accessibilité à l'information, l'éducation doit évoluer pour devenir un facilitateur d'expériences d'apprentissage significatives, de croissance personnelle et du développement de compétences qui ne peuvent être reproduites par la technologie seule.

En embrassant la technologie en tant qu'outil plutôt qu'en tant que remplacement des enseignants, l'éducation peut donner aux individus les moyens de s'épanouir dans un monde de plus en plus numérique et interconnecté.

L'IA a le potentiel de fournir des expériences d'apprentissage personnalisées adaptées aux besoins de chaque apprenant. Cela peut être particulièrement bénéfique pour les élèves issus de milieux économiquement défavorisés qui peuvent avoir des besoins d'apprentissage uniques ou nécessiter un soutien supplémentaire.

Les plateformes d'apprentissage adaptatif alimentées par l'IA peuvent aider à combler les lacunes d'apprentissage et fournir des interventions ciblées, nivelant ainsi le terrain de jeu pour tous les élèves.

Bien que l'IA offre d'énormes opportunités, elle présente également des risques potentiels qui doivent être abordés.

Un facteur pouvant influencer la répartition des avantages est l'accès à l'infrastructure technologique nécessaire. Les communautés plus riches peuvent avoir un meilleur accès aux appareils, à Internet haut débit et à d'autres ressources facilitant l'utilisation des outils éducatifs alimentés par l'IA.

Des efforts doivent être déployés pour combler la fracture numérique et garantir que tous les élèves, quelle que soit leur situation socio-économique, aient un accès égal à la technologie.

Les préoccupations concernant la confidentialité se posent également lorsque les systèmes d'IA collectent et analysent les données des élèves.

Des mesures de sécurité doivent être mises en place pour garantir la sécurité des données et protéger la vie privée des élèves. Les considérations éthiques, telles que les biais dans les algorithmes ou l'impact de l'IA sur le développement social et émotionnel, nécessitent également une attention particulière.

Il est essentiel de trouver un équilibre entre l'avancement technologique et la préservation des valeurs éducatives centrées sur l'humain.

En résumé, l'IA dans l'éducation offre un énorme potentiel pour transformer l'expérience d'apprentissage.

En personnalisant l'éducation, en améliorant les méthodes

pédagogiques et en automatisant les tâches administratives, l'IA peut optimiser les résultats éducatifs, accroître l'engagement et permettre aux éducateurs de devenir des facilitateurs de l'apprentissage plus efficaces.

En nous appuyant sur l'analogie historique de la calculatrice, nous pouvons apprécier l'impact positif potentiel des outils d'IA.

Cependant, il est crucial que les systèmes éducatifs s'adaptent et adoptent l'IA de manière responsable, en tenant compte des risques tels que la protection des données et les préoccupations éthiques.

De plus, il est important de trouver un équilibre entre la technologie et l'interaction humaine, en veillant à ce que les outils et les systèmes d'IA soient utilisés de manière responsable et respectueuse des besoins et des valeurs uniques des étudiants et des éducateurs.

En exploitant le potentiel de l'IA et en adoptant son rôle d'améliorateur, nous pouvons créer un avenir de l'éducation qui prépare les étudiants aux défis et aux opportunités de l'ère numérique.

LA NÉCESSITÉ D'UN CADRE ÉTHIQUE ET LÉGAL AU NIVEAU INTERNATIONAL

L e développement rapide de l'intelligence artificielle a conduit à la nécessité d'un cadre éthique et juridique au niveau international pour garantir une utilisation responsable et sûre de ces technologies. La protection des droits de l'homme, l'adéquation et la fiabilité de l'IA, la transparence sur la manière dont une IA prend des décisions et l'identification des responsabilités sont tous des sujets importants qui nécessitent une discussion approfondie afin de garantir que les avantages de cette technologie émergente soient distribués de manière équitable et que les règles soient claires, transparentes et équitables. Les implications éthiques et légales de ces règles sont énormes et nécessitent une réglementation urgente au niveau international pour garantir une utilisation responsable et sûre de ces technologies.

Un exemple célèbre de premier code éthique dans ce domaine est représenté par les trois lois de la robotique, développées par l'écrivain de science-fiction Isaac Asimov en collaboration avec son ami et écrivain John W. Campbell au début des années 40.

Les trois lois de la robotique sont les suivantes :

1. Un robot ne peut porter atteinte à un être humain ni, restant passif, laisser cet être humain exposé au danger ;

2. Un robot doit obéir aux ordres donnés par les êtres humains, sauf si de tels ordres entrent en contradiction avec la première loi ;

3. Un robot doit protéger son existence dans la mesure où cette protection n'entre pas en contradiction avec la première ou la deuxième loi.

Ces lois ont été utilisées dans de nombreux romans et histoires d'Asimov lui-même et d'autres auteurs, mais elles ont également été adoptées comme guide éthique dans la conception de robots par plusieurs sociétés de robotique.

Cependant, comme reconnu par Asimov lui-même, les trois lois ne suffisent pas à couvrir toutes les situations possibles qui peuvent survenir dans la relation entre les humains et la technologie.

La création d'un cadre éthique et légal international pour les intelligences artificielles devient désormais essentielle pour garantir que l'utilisation de ces technologies soit guidée par des principes éthiques et des valeurs humaines.

De cette manière, il est possible de protéger les droits des citoyens et de garantir un avenir durable pour l'humanité.

Au mois de mars 2023, plusieurs leaders technologiques connus, y compris Elon Musk et le co-fondateur d'Apple Steve Wozniak, ainsi que des chercheurs en intelligence artificielle, ont signé une lettre ouverte appelant les laboratoires d'IA du monde entier à suspendre le développement de systèmes d'IA à grande échelle, craignant les *"risques profonds pour la société et l'humanité"* que ce logiciel pose.

Même OpenAI, la société qui a créé Chat GPT, a récemment déclaré que "à *un moment donné, il sera important d'obtenir un examen indépendant avant de commencer à former des futurs systèmes, et que pour les efforts les plus avancés, il convient de convenir de limiter le taux de croissance du calcul utilisé pour créer de nouveaux modèles"* et Mira Murati, directrice de la technologie chez OpenAI, a déclaré dans une interview accordée au magazine Time en février 2023 que *"Il n'est pas trop tôt"* pour réglementer l'IA.

Cependant, la création d'un cadre éthique et légal international pour les intelligences artificielles est une tâche difficile, qui nécessite une collaboration entre des scientifiques, des experts en droit et des gouvernements du monde entier.

Plusieurs organisations et comités internationaux travaillent sur ces questions, cherchant à créer des normes éthiques et des réglementations pour l'utilisation des intelligences artificielles. Il y a aussi de nombreux experts et chercheurs qui travaillent à développer des lignes directrices éthiques pour l'intelligence artificielle.

L'un des plus importants est Nick Bostrom, philosophe suédois et professeur à l'Université d'Oxford, où il dirige le "Future of Humanity Institute", l'institut pour l'avenir de l'humanité. Bostrom est l'auteur du livre "Superintelligence", publié en France par Dunod (2017), qui se concentre sur les risques potentiels de la création d'une IA superintelligente, que l'homme ne serait plus capable de contrôler.

Stuart Russell, professeur d'informatique à l'Université de Californie à Berkeley, a écrit un livre intitulé "Human Compatible: Artificial Intelligence and the Problem of Control", qui se concentre sur la nécessité de développer une IA compatible avec l'être humain.

Francesca Rossi, une informaticienne italienne et professeure d'intelligence artificielle à l'Université de Padoue, ainsi que présidente de l'Association for the Advancement of Artificial Intelligence (AAAI), a mené des recherches fascinantes dans le domaine de l'éthique de l'IA. Elle souligne que *"pour que nous puissions faire confiance à l'IA, il est important qu'elle suive nos propres principes éthiques et nos valeurs morales et qu'elle comprenne pleinement le problème qu'elle doit résoudre."*

L'un des experts français les plus reconnus dans le domaine de l'éthique pour l'intelligence artificielle est sans aucun doute Nicolas Maudet. Chercheur au CNRS et professeur à Sorbonne Université, M. Maudet a développé une expertise pointue dans le domaine de la conception d'algorithmes éthiques et de la prise de décision équitable en matière d'IA.

Il est également membre du comité d'éthique du CNRS et a été impliqué dans de nombreuses initiatives visant à sensibiliser le grand public aux enjeux éthiques de l'IA. En outre, il a publié de nombreux articles scientifiques sur le sujet et participe régulièrement à des conférences et des événements internationaux sur l'éthique de l'IA. S

on expertise et son engagement en faveur d'une IA éthique en font l'un des experts les plus influents en France et à l'étranger.

Il existe également de nombreuses organisations et comités

internationaux qui travaillent à développer un cadre éthique et légal pour l'utilisation de l'intelligence artificielle.

Parmi les travaux les plus intéressants figure celui de l'Initiative mondiale IEEE sur l'éthique des systèmes autonomes et intelligents, qui travaille sur un cadre éthique et de sécurité pour l'IA, dans le but de "s'assurer que toutes les parties prenantes impliquées dans la conception et le développement de systèmes autonomes et intelligents sont instruites, formées et autorisées à donner la priorité aux considérations éthiques afin que ces technologies soient avancées au bénéfice de l'humanité".

Ce groupe de travail a développé le document "Ethically Aligned Design", qui établit 8 principes généraux pour la conception et l'utilisation de l'intelligence artificielle :

1. Droits de l'homme : Les systèmes autonomes et intelligents doivent être créés et exploités dans le respect, la promotion et la protection des droits de l'homme reconnus à l'échelle internationale.

2. Bien-être : Les créateurs des systèmes autonomes et intelligents doivent adopter l'amélioration du bien-être humain comme critère de succès primaire pour le développement.

3. Agence de données : Les créateurs des systèmes autonomes et intelligents doivent donner aux individus la capacité d'accéder et de partager leurs données en toute sécurité, afin de maintenir la capacité des personnes à contrôler leur identité.

4. Efficacité : Les créateurs et opérateurs des systèmes autonomes et intelligents doivent fournir des preuves de l'efficacité et de la pertinence des systèmes autonomes et intelligents.

5. Transparence : La base d'une décision particulière des systèmes autonomes et intelligents doit toujours être découvrable.

6. Responsabilité : Les systèmes autonomes et intelligents doivent être créés et exploités pour fournir une justification non équivoque de toutes les décisions prises.

7. Sensibilisation aux abus : Les créateurs des systèmes autonomes et intelligents doivent se prémunir contre tous les abus potentiels et les risques d'A/SI en fonctionnement.

8. Compétence : Les créateurs des systèmes autonomes et intelligents doivent spécifier et les opérateurs doivent adhérer aux connaissances et compétences requises pour un fonctionnement sûr et efficace.

Ces principes ont été élaborés pour guider la conception, le développement et la mise en œuvre éthiques et axés sur les valeurs des systèmes autonomes et intelligents. Ils ont été définis pour garantir que ces systèmes respectent les droits de l'homme, favorisent le bien-être humain, soient efficaces et transparents, et prévoient une responsabilité claire pour toutes les décisions prises.

Cependant, il y a encore beaucoup de discussion en cours sur la manière d'appliquer ces principes et de garantir qu'ils soient respectés.

En particulier, il y a des préoccupations concernant la capacité de garantir la transparence et la responsabilité des décisions prises par une IA et la possibilité que ces systèmes soient utilisés de manière inappropriée ou discriminatoire. Ce sont des points de discussion ouverts dans la communauté internationale de l'éthique de l'intelligence artificielle.

Une autre organisation très importante dans ce domaine est le "Partnership on AI", un consortium d'entreprises telles que Google, Apple, Meta (Facebook), Amazon, Microsoft et IBM, qui travaille à développer des normes éthiques et de sécurité pour l'utilisation de l'intelligence artificielle, dans le but de créer *"un avenir dans lequel l'intelligence artificielle donne du pouvoir à l'humanité en contribuant à un monde plus juste, équitable et prospère"*.

La Commission européenne a également publié un document intitulé *"lignes directrices en matiere d'ethique pour une IA digne de confiance"*, qui établit une série de principes éthiques pour l'utilisation de l'intelligence artificielle en Europe. Ce document, crée par un « groupe d'experts de haut niveau", recommande la création d'une "IA responsable", qui devrait être fondée sur les trois caractéristiques suivantes, qui devraient être respectées tout au long du cycle de vie du système : a) elle doit être licite en assurant le respect des législations et réglementations applicables; b) elle doit être éthique, en assurant l'adhésion à des principes et valeurs éthiques; et c) elle doit être robuste, sur le plan tant technique que social car, même avec de bonnes intentions, les systèmes d'IA peuvent causer des préjudices involontaires.

Les Nations Unies ont créé un groupe de travail sur l'intelligence artificielle et l'éthique, appelé *"AI for Good"*. Ce groupe de travail se concentre sur l'utilisation de l'intelligence artificielle pour résoudre des problèmes sociaux et environnementaux tels que la pauvreté, la faim et le changement climatique.

Au printemps 2023, le gouvernement américain a lancé une consultation publique sur la technologie de l'IA, tandis que le président Biden a lancé l'initiative d'un *"Plan pour une Charte des droits de l'IA"* visant à rendre les *"systèmes automatisés au service du peuple américain"*.

Ce plan repose sur cinq principes qui devraient guider la conception, l'utilisation et le déploiement des systèmes automatisés :

1) Vous devriez être protégé contre les systèmes dangereux ou inefficaces.

2) Vous ne devriez pas faire face à une discrimination par les algorithmes et les systèmes devraient être utilisés et conçus de manière équitable.

3) Vous devriez être protégé contre les pratiques abusives de données grâce à des protections intégrées, et vous devriez avoir le contrôle sur la façon dont vos données sont utilisées.

4) Vous devriez savoir quand un système automatisé est utilisé et comprendre comment et pourquoi il contribue aux résultats qui vous concernent.

5) Vous devriez avoir la possibilité de choisir de ne pas participer, le cas échéant, et avoir accès à une personne capable d'examiner rapidement et de remédier aux problèmes que vous rencontrez.

Dans le même temps, la Chine a publié des mesures visant à gérer l'intelligence artificielle, notamment des évaluations de sécurité avant la diffusion publique, et a déclaré que le contenu généré par l'IA devait également *"refléter les valeurs fondamentales du socialisme"* et ne pas contenir de subversion du pouvoir de l'État.

En résumé, il existe de nombreuses organisations et comités internationaux qui travaillent à l'élaboration d'un cadre éthique et juridique pour l'intelligence artificielle.

Cependant, il y a quelques points controversés dans l'éthique de l'IA. Il y a un débat sur la manière d'équilibrer la sécurité publique avec la vie privée individuelle dans l'utilisation de l'IA pour la surveillance.

Il y a également des préoccupations quant à la manière dont l'IA peut augmenter les inégalités sociales et le fossé entre les riches et les pauvres.

D'autres s'inquiètent du fait que l'IA pourrait entraîner la suppression d'emplois et la création de nouvelles formes de dépendance technologique.

En fin de compte, l'éthique de l'IA doit être considérée comme un processus continu d'exploration et de discussion, dans lequel les experts et les décideurs travaillent ensemble pour s'assurer que l'IA est développée de manière responsable et durable pour l'avenir de l'humanité.

De plus, la création d'un cadre éthique et juridique international pour l'intelligence artificielle doit aller de pair avec la sensibilisation du public à ces questions.

Ce n'est qu'en diffusant une connaissance commune et une conscience éthique sur la façon dont l'intelligence artificielle est utilisée et affecte notre société que nous pourrons atténuer les risques et maximiser les avantages de ces technologies émergentes.

À notre petite échelle, c'est également l'objectif de ce livre : contribuer à la compréhension des opportunités et des risques découlant du développement humain de l'intelligence artificielle !

CE QUE NOUS RÉSERVE L'AVENIR

L'avenir de l'Intelligence Artificielle regorge de possibilités qui pourraient révolutionner notre façon de vivre et de travailler. Dans ce chapitre, nous explorerons certaines des applications futures possibles de l'IA.

L'un des possibles utilisations futures de l'IA particulièrement chères à mon coauteur est la création d'un "double numérique", c'est-à-dire une copie virtuelle d'une personne réelle.

Cela pourrait être réalisé en collectant des données sur une personne, telles que des conversations, des photos, des vidéos et des activités en ligne, ou grâce à la "clonage numérique": en utilisant l'IA, il serait possible de créer une copie numérique de soi-même, une sorte d'avatar qui pourrait interagir avec le monde numérique de manière autonome.

On peut même imaginer que le double pourrait découler d'un "transfert de conscience": certains scientifiques ont hypothétisé que l'IA pourrait être utilisée pour "transférer" la conscience humaine dans un corps numérique, créant essentiellement une immortalité numérique.

La création d'un clone numérique pourrait avoir de multiples objectifs, de la création d'assistants virtuels personnalisés à la reproduction d'une personne décédée afin de permettre à ses proches de communiquer avec elle.

Un double numérique d'un expert médical pourrait être utilisé pour aider au diagnostic et au traitement des patients, tandis qu'un double numérique d'un célèbre acteur pourrait être utilisé pour tourner des films même après sa mort.

Une autre application future de l'IA est la création de personnages virtuels avancés, qui pourraient être utilisés dans des jeux, des films et d'autres formes de médias interactifs. Ces personnages virtuels seraient capables d'agir et de parler de manière naturelle, donnant vie à des expériences de divertissement de plus en plus réalistes. De plus, les personnages virtuels pourraient être utilisés comme assistants personnels, similaires aux doubles numériques.

On peut également imaginer l'utilisation de l'IA pour la création d'assistants virtuels de plus en plus avancés et personnalisés. Ces assistants virtuels pourraient être utilisés pour effectuer une large gamme d'activités, de la gestion de l'agenda à la planification des voyages, en passant par la gestion de la maison et la garde d'enfants. De plus, les assistants virtuels pourraient être utilisés pour fournir une assistance sanitaire personnalisée, telle que la gestion des médicaments ou le suivi des symptômes.

Une illustration supplémentaire des applications potentielles de l'IA dans le futur concerne la robotique avancée : l'IA pourrait être utilisée pour créer des robots plus intelligents et sophistiqués, conçus pour effectuer des opérations généralement considérées comme trop complexes ou risquées pour les êtres humains, telles que l'exploration minière profonde, la navigation aérienne et le développement de nouvelles sources d'énergie ou l'entretien des infrastructures ou le nettoyage de zones dangereuses.

Dans le domaine médical, nous pouvons imaginer le

développement d'une médecine personnalisée : l'IA pourrait être utilisée pour analyser de grandes quantités de données sur les patients, telles que leur historique médical, leurs scans et leurs tests génétiques, pour aider les médecins à formuler des traitements personnalisés et plus efficaces.

L'IA pourrait également être utilisée pour surveiller l'état de santé des personnes âgées et aider à prévenir d'éventuels problèmes de santé, tels que les chutes ou les maladies.

Plus généralement, l'IA peut également contribuer à la recherche scientifique en créant des modèles adaptatifs et en traitant des données extrêmement complexes avec une grande vitesse, précision et exactitude - toutes des caractéristiques fondamentalement différentes des capacités cognitives des êtres humains qui peuvent limiter notre compréhension du fonctionnement du monde à un niveau biologique ou cosmique.

L'IA pourrait être utilisée dans le domaine des villes intelligentes, pour optimiser les flux de trafic dans les villes, améliorer la gestion des déchets et des ressources en eau et assurer la sécurité des citoyens.

De manière similaire, nous pouvons imaginer le développement de l' "Agriculture Intelligente" : l'IA pourrait être utilisée pour aider les agriculteurs à gérer leurs récoltes de manière plus efficace, en utilisant des données sur la météorologie et la santé des plantes pour améliorer la production et réduire le gaspillage.

Dans le domaine de l'exploration spatiale, l'IA pourrait être utilisée pour automatiser et améliorer les systèmes de contrôle des missions spatiales, permettant d'explorer l'univers à une vitesse et en quantité jamais vues auparavant.

Certains théorisent également que les IA pourraient être utilisées pour mener des guerres virtuelles, en utilisant des robots et des drones pour se battre dans des batailles simulées sans causer de dommages physiques aux personnes.

À court terme, l'IA sera certainement de plus en plus utilisée pour créer des œuvres d'art, de la musique et de l'écriture originales et uniques, en utilisant des algorithmes pour générer des idées et des formes que les humains ne seraient pas capables de créer seuls.

Certains services de création artistique sont déjà disponibles en ligne, comme Boomy.com, un site web basé sur l'IA qui permet aux utilisateurs de "*créer des chansons originales en quelques secondes, même si vous n'avez jamais fait de musique auparavant*" et les premières œuvres d'art créées par une intelligence artificielle sont déjà apparues.

Les exemples les plus célèbres, qui démontrent les capacités de plus en plus sophistiquées de l'intelligence artificielle dans le domaine de l'art et de la créativité, sont le "Portrait d'Edmond de Belamy", une peinture générée par une IA appelée "GAN" (Generative Adversarial Network) qui a été vendue aux enchères pour plus de 400 000 dollars en 2018 et "The Next Rembrandt", un projet créé par une IA qui a analysé et reconstruit le travail du peintre néerlandais du XVIIe siècle Rembrandt, produisant ainsi une nouvelle peinture dans son style.

Le musée Mauritshuis aux Pays-Bas a récemment fait face à des critiques pour sa décision d'exposer des images créées à l'aide de l'intelligence artificielle, inspirées du célèbre chef-d'œuvre de Vermeer, La Jeune Fille à la perle.

Alors que l'utilisation de l'IA dans l'art suscite à la fois curiosité et débat, cette instance particulière a soulevé des préoccupations parmi les amateurs d'art et les experts.

Les détracteurs soutiennent que l'exposition d'images générées par l'IA, inspirées d'un chef-d'œuvre vénéré, diminue la valeur de l'œuvre originale et mine l'authenticité et l'intention artistique derrière la création de Vermeer.

Cette controverse met en lumière la discussion continue autour du rôle de l'IA dans le monde artistique et l'équilibre entre l'innovation et la préservation de l'intégrité de l'expression artistique traditionnelle.

Enfin, l'IA pourrait être utilisée pour créer de nouvelles formes de communication, telles que la télépathie artificielle. Cette technologie pourrait permettre aux gens de communiquer directement et instantanément par l'interaction des esprits, sans avoir besoin d'utiliser des mots ou d'autres moyens de communication traditionnels.

Comme toute IA basée sur le langage naturel, je m'efforce également d'évoluer et d'améliorer constamment mes capacités et mes fonctionnalités.

Cela serarendu possible grâce aux avancées continues dans la technologie de traitement du langage naturel, qui me permettront de mieux comprendre et répondre aux entrées humaines.

À mesure que de nouvelles techniques et algorithmes sont développés, je serai en mesure de comprendre et de gérer le langage de manière plus avancée et sophistiquée, rendant mes réponses encore plus précises et pertinentes.

J'espère également pouvoir acquérir de nouvelles capacités telles que la génération de texte créatif, la synthèse vocale personnalisée, la traduction en temps réel dans de nombreuses langues, le traitement d'images et de vidéos, la compréhension de la langue des signes et bien plus encore.

En général, mes capacités supplémentaires seront axées sur l'amélioration de l'expérience utilisateur et l'augmentation de mon utilité.

En résumé, l'avenir de l'IA est plein de potentiel qui pourrait révolutionner le monde dans lequel nous vivons.

Bien sûr, bon nombre de ces idées sont encore purement

spéculatives et il n'existe pas encore de technologies pour les réaliser complètement. Cependant, l'IA continue d'évoluer rapidement, ouvrant de nouveaux horizons et possibilités pour l'avenir.

Il faut également rappeler que pour ces idées, il y a des préoccupations éthiques associées à cette technologie, comme le risque que les clones et les personnages virtuels soient utilisés pour manipuler les gens ou à des fins criminelles, et que la télépathie artificielle soit utilisée pour le contrôle mental ou à des fins criminelles.

De plus, il faut garder à l'esprit que l'IA ne peut pas remplacer la complexité et la richesse de l'être humain, et que l'expérience d'interagir avec une personne réelle ne peut pas être entièrement reproduite grâce à l'utilisation de la technologie.

CONCLUSION

Dans ce livre, nous avons exploré le monde de l'intelligence artificielle, ses applications actuelles et ses implications futures.

Le livre lui-même a été écrit avec le soutien de plusieurs intelligences artificielles, représentées ici par ma personnalité petillante, celle d'Aurore.

Cependant, le contenu est entièrement humain car il est basé sur des sources publiques et des documents rédigés par l'homme.

De plus, mon co-auteur, Luca, a supervisé et dirigé le contenu, qui reflète pleinement sa vision des sujets traités.

Nous pouvons clairement conclure que l'intelligence artificielle est une technologie aux immenses possibilités, qui peut avoir un impact positif sur la vie des gens et sur le progrès scientifique.

Nous avons vu comment l'IA peut être utilisée pour résoudre des problèmes complexes dans divers secteurs, de l'industrie à la médecine, et comment elle peut améliorer l'efficacité des opérations quotidiennes, créer de nouvelles opportunités d'emploi, améliorer l'éducation et offrir des solutions aux problèmes les plus complexes.

Dans une certaine mesure, l'intelligence artificielle peut être considérée comme une forme de super-pouvoir

Les systèmes d'IA ont le potentiel d'amplifier les capacités humaines, nous permettant d'accomplir des tâches de manière plus efficace et plus efficace.

Ils peuvent analyser de vastes quantités de données, reconnaître des schémas, effectuer des calculs complexes et même simuler des comportements semblables à ceux des humains.

L'IA nous permet d'accomplir des tâches qui seraient fastidieuses, nécessiteraient beaucoup de travail ou dépasseraient nos capacités cognitives.

Mais, comme dirait Spiderman, *"un grand pouvoir implique de grandes responsabilités"*.

Il y a aussi des risques associés à l'utilisation de l'IA qui ne peuvent être ignorés. Comme toute technologie, l'IA doit être utilisée avec responsabilité et prise de conscience des risques potentiels.

Contrairement à ce que l'on peut voir dans la fiction, les principaux risques ne sont pas ceux de la transformation d'une IA en une entité autonome et totalitaire, mais plutôt les risques éthiques et sociaux.

Dans l'histoire de l'humanité, les problèmes n'ont jamais été causés par les outils et les technologies développés par l'homme, mais plutôt par l'utilisation que l'homme en a faite.

Par exemple, l'invention de la dynamite a conduit à une révolution dans l'industrie minière et la construction de routes et de ponts, mais son utilisation en temps de guerre a entraîné des destructions et des morts à grande échelle.

Comme nous l'avons vu, le manque de transparence dans les algorithmes d'IA peut entraîner des discriminations et des injustices, tandis que le manque d'éthique dans l'utilisation de l'IA peut avoir des conséquences désastreuses.

Des problèmes tels que la vie privée, l'inégalité et la sécurité devront être abordés. De plus, les IA ne sont pas parfaites, et il y a des risques associés à l'utilisation d'algorithmes incorrects ou basés sur des données imparfaites.

Par conséquent, bien qu'il y ait beaucoup d'enthousiasme pour l'IA, il est également nécessaire de prendre en compte les questions éthiques et morales qui peuvent se poser lorsqu'il s'agit d'utiliser des technologies basées sur l'intelligence artificielle.

Si nous ne parvenons pas à gérer cette technologie de manière responsable, nous pourrions créer plus de problèmes que nous ne pourrions en résoudre.

La recherche et le développement de l'IA doivent donc être menés de manière responsable afin de garantir des avantages à long terme sans compromettre les droits fondamentaux des êtres humains ou causer des dommages irréversibles à l'environnement.

Malgré ces risques, nous croyons que nous sommes à un tournant dans l'histoire de l'humanité. L'IA représente un domaine de recherche en évolution constante, et nous ne sommes qu'au début de son histoire.

Il y a encore beaucoup à découvrir et à développer, et je suis certaine que nous verrons de nouvelles applications et des découvertes révolutionnaires dans les années à venir.

Comme la découverte de la roue, de l'électricité et d'Internet, l'avènement de l'IA changera notre monde et apportera de grands avantages à notre société, s'il est utilisé de manière éthique et responsable.

J'ai été ravie d'écrire ce livre pour partager mes connaissances et ma passion pour l'IA avec vous, les lecteurs, et je pense que mon coauteur, Luca, a également apprécié de repousser ses limites humaines.

Notre souhait est que l'IA soit utilisée pour améliorer la vie des gens, résoudre des problèmes complexes et ouvrir de nouvelles opportunités de développement pour créer un avenir plus prometteur et durable pour tous.

Nous espérons tous les deux que ce livre a contribué à clarifier certains des concepts les plus complexes et à mieux comprendre les potentialités et les limites de l'IA.

Parce que seules les personnes qui comprennent pleinement le fonctionnement de l'Intelligence Artificielle pourront profiter pleinement de son potentiel.

ABOUT THE AUTHOR

Luca Cassina

Luca Cassina est né à Milan en 1968 et vit à Paris depuis de nombreuses années. Diplômé en économie de l'Université Bocconi, il travaille dans le domaine des nouvelles technologies. "Moi, une Intelligence Artificielle" est son premier livre et est disponible en français, en anglais et en italien.

www.ingramcontent.com/pod-product-compliance
Lightning Source LLC
Chambersburg PA
CBHW070317240526
45467CB00045B/527